在英 ワーキングウーマン事情

～わたしたちの英国暮らし～

ロンドンは街歩きが楽しい。観光スポットやミュージアム、地元の人が憩う小さなカフェやショップ、あちこちに足を運びたくなる

London

手ごろな値段で芝居やミュージカルが見られるのも、ロンドンの魅力。映画でも有名な俳優たちに、生のステージで接することができるのもうれしい

英国人は、やはりガーデニング好き。ロンドンの高級住宅地には、ガイドブックに載っていないセンスのいい秘密のガーデニング・ショップがある

Green

都会でも緑が多いので、リラックスできるという在英日本人は多い。こういった場所に愛犬を連れてきて、くつろぐ人々の姿があちこちに

英国内からも多くの観光客が訪れるスコットランドの名所、エディンバラ城

Scotland

スコットランドで働く日本人や留学生も増えた。イングランドとは違う風土から生まれる文化や、独特のアクセントのある方言に興味をひかれる人も多い

在英ワーキングウーマン事情

目次

コラム

※1ポンド＝約210円（2006年6月現在）

まえがき

英国暮らしを考える女性は少なくない。休職して、自分探し、リフレッシュを兼ねての短期語学留学という人は、私の周囲でもめずらしくない。もっと本格的にキャリアアップを目指してという人や、ＯＬ経験後に別の方向に進んでみたいと、日本でも人気の高い「ガーデニング」「アロマテラピー」「ファッション」といったジャンルに関して本場で学び、資格を取りたいという人も増えた。それと同時に、英国での就職を希望する人の数も伸びてきているようだ。留学関係や海外就職の雑誌や本が何冊も出版され、インターネットでの海外就職相談サイト、リクルートのサイトが盛況なのが、その証しかと思う。

英国を選ぶ理由としては、漠然と「アメリカより安全そう」といった人から、「英国文学や英国音楽が好きだから」という人、「旅行で訪れて気に入ってしまった」という人。さらには「伝統文化と新しい文化のバランスがいい」「紳士の国でかつ男女差別が少ない」「動物愛護や自然保護に熱心で、ゆとりを感じる」「個性が尊重される」「自立した女性が多く、社会的に成熟している」といった印象を受け、肌に合うと感じるという人もいた。

とはいうものの、現実的には英国暮らしは日本以上にハードな面も多い。比較的なじみやすい英語圏ではあるけれど、言葉の壁はあり、さらに言葉の問題以外に、生活していく上でクリアしなければならない課題がいくつも存在するからだ。それでも、私が英国で出会った日本人女性たちはそういったものを乗り越え、意欲的に仕事をこなし、暮らしに楽しみや喜びを見出している。そして日本にいたとき以上に、いきいきとしなやかな生き方をしているように私の目には映った。

この本ではそんな、英国で働きながら暮らす日本人女性15人に、それぞれの仕事と生活についてじっくり話を聞いた。はっきり言ってしまえば、彼女たちは地道に暮らす普通の人たち。特殊な職業の人もいることはいるが、大成功したお金持ちやセレブ妻ではない。英語の習得法ひとつとっても、アプローチやスタンスが異なる。学校で熱心に語学を学んだ人もいれば、とにかく人と接することで「習うより慣れろ」を実践した人もいる。

彼女たちの仕事もさまざま。現地のリクルート会社を通じて就職した人もいれば、「自分ができるものは何だろう」と考えてライフスタイルに合ったものを見つけた人、自分の才能を活かした人など。就職がうまくいかず迷っていたところ、意外な形で道が開けた人もいる。渡英自体、10代で留学した人、日本でOL経験後に渡った人、結婚がきっかけだったという人も。

英国暮らしを望む女性たちにとって、ここに登場する15人の誰かのインタビューが、現状から一歩踏み出す勇気をくれるかもしれないし、アドバイスになるかもしれない。彼女たちの話は、華やかなサクセストーリーとは違うが、だからこそ身近に感じ、それが英国だけでなく、日本に暮らしていても、私たちにとって何らかの「生き方のヒント」になるような気がする。この本を読んだあと、私がそうであったように、読者のみなさんも彼女たちから何かを感じていただければうれしい。

2006年5月　石井理恵子

難関突破でＢＢＣへ

佐藤木綿子 さん

BBCワールド通訳

ロンドン在住／英国生活4年／30代

英国留学を目指す人にとって、BBCの存在は特別だ。語学のレッスンのために見る人も多い。BBCイングリッシュといい、BBCのアナウンサーのように英語がしゃべれたらというのは、英国で学んだり、暮らしている日本人にとってもひとつの目標なのだ。ましてやBBC勤務といえば、憧れの職業のひとつに間違いなく入るはずだ。

日本の大学卒業後は銀行勤めをしたが、OL2年目に夏休みを利用して語学研修で渡英。これをきっかけに、英国の大学院へ進学。そののちBBCワールド*（ジャパンユニット）の通訳として就職を決めた木綿子さん。

難関と思われる職場に就職できたいきさつ、独身ワーキングウーマンの暮らしぶりは？

＊BBCワールド
英国の公共放送BBCの海外向け放送を配信する部門。木綿子さんは、ここのジャパンユニットに所属。BBCが発信する最新ニュースやドキュメンタリーなどの番組を、ロンドンのBBC本社で翻訳し、日本でもオンエアされている。

OL経験後、英国の大学院、そしてBBCへ

通訳への道を探る

木綿子さんは帰国子女。親の赴任で5歳の時に英国に来て、9歳になるまで滞在。帰国した後は、インターナショナルスクールではなく、地元の小学校に入学したという。この下地もあって、中学校くらいまでの英語は楽勝。けれども、

「発音と基本的な文法は、英国での小学校時代の能力が残っていたと思います。でも、16歳の時、昔の友達を英国に訪ねたら、英語でのコミュニケーションに支障をきたしたので、コミュニケーション能力は、全般的には帰国後落ちたようです。その後、大学受験のためにボキャブラリーは増やしていきました」

彼女が大学で学んだのは政治経済、法律などで、卒業後の就職先は政府系の銀行だった。

「もともと、大学を卒業するくらいから、漠然と一生できるような仕事がしたいと思っていて、その選択肢として通訳というのがありました。大学卒業後は、政府系の銀行に入りました。外国の政府などに融資する銀行で、私は融資先の国の官僚などをお招きして、セミナーを開催する部署に配属されたんですが、

その時に通訳の方の仕事ぶりをみて、すごいなぁと思い、『通訳になりたい』と本格的に考えました」

そこで木綿子さんは、OL2年目の夏休みを利用して自費で英国に語学研修に行く。そして、やはり現地で学んだ方が能力が伸びると実感する。その後彼女は仕事を辞め、2001年から2002年夏まで英国のバース大学大学院の日英通訳・翻訳の修士課程に在籍し、学ぶ。

「その大学院のコースが終わる頃、現在の仕事（BBC）の求人募集が新聞に出ていて、これに応募したところ採用されました。採用決定からワークパーミット（P22参照）が出るまでの3ヶ月間は日本に一時帰国し、その間の1ヶ月間は、外資系企業で社内通訳の仕事をしていました」

BBCワールドの通訳として採用

日本の大学を卒業、政府系金融機関への就職、スキルアップとしての短期語学研修、大学院留学。そして英国での就職の際は、書類選考、試験、面接と進み（試験は基本的な時事知識を問うもので、重箱の隅をつつくような問題ではないというが、スピーキング能力もチェックされ、その場でのニュース翻訳のようなものもあるという）、数百人の応募者の中から2人だけが選ばれるという難関を突破。

「採用通知がきた時は、『ラッキー！』と思いました」

トントン拍子に事が運んでいるような気がするが、木綿子さんが過去の仕事、留学前後の勉強をきちんとこなし、積み重ねてきた結果だろう。

現在の仕事は、日本のスカパー!やCATVの専門チャンネル「BBCワールド」で放送されているニュースやドキュメンタリー番組の通訳・翻訳で、即戦力がものをいう。日本でOLをしていた際にNHKのアナウンサー講座に半年間通い、発声やアナウンスの基礎などを身につけたこと。大学院の日英通訳・翻訳の修士課程で学んだことも、就職試験時、また現在も役に立っていると思われる。

エキサイティングな職場

BBCならではのニュースを日本に届ける喜び

木綿子さんの職場はシフト制になっていて、4つのシフトで仕事の時間帯や翻訳する番組の内容が異なる。ニュースだけでなく、ドキュメンタリー番組の翻訳担当というシフトもあり、これを順繰りに回ることになっている。

英語を使う仕事とはいえ、かつては銀行、現在は放送局とまったく違う職種。しかし、希望の仕事に就いて、日々充実しているようだ。

「BBCワールドで取りあげるニュース内容は、日本のニュースではあまり詳しく取り上げないようなものが多いと思います。そういうニュースを私たちの訳を通じて日本の人に聞いてもらえるのは喜びです。BBCやCNNだと、日本とはちょっと違った視点でニュースが見られていいんじゃないでしょうか。そして、BBCのレポーターは優秀な方が多く、レポートの内容が面白く、深く分析されているので、そういうニュースを訳せるのもやりがいのひとつです」

BBCの社屋。上空から見おろすと「？」マークのデザインだという

また、木綿子さんは、現在BBCワールドのジャパンユニットでは最年少のスタッフ。

「ジャパンユニット発足の12年前からいらっしゃる方も何人もいます。皆さんすごく通訳が上手で、とても尊敬しています。そういう方と一緒に働けて、普通に雑談ができるのはうれしいですね」

ベテランの方と接していて、特別違和感はないとのことだが、

「唯一あるとしたら、子どもの頃に見たテレビの話などはついていけないですね。年齢の差を感じます」

と、これは日本の職場でもよくある話。

仕事を通して、世界のニュースから、英国ならではの話題にまで詳しくなってきたという。

「この仕事を始めるまでは、国際ニュースでなじみのない分野も多かったのですが、今は中東問題などにも詳しくなってきました。あとはラグビーやクリケットなど、英国で人気のスポーツがよくわからなかったのですが、翻訳をしているうちに理解できるようになりました。たとえばパーティーなどで人と話している時に、話の内容がわかって話題が豊富になっていいですね」

仕事の難しさ、おもしろさ

ニュースの同時通訳をやっていると、どこよりも早く衝撃的な事件に触れることもある。

2005年夏のロンドンでの爆破未遂事件の第一報を同時通訳で伝えたのは木綿子さんだった。初めは地下鉄のトラブルということで放送していたが、それがやがてテロだというのも放送中に知った。けれども、意外とうろたえることなく通訳を続けられたという。

「7月7日の初めの事件の後、さらに7月21日の同時爆破未遂事件があった日も、ニュース通訳のシフトでした。事件現場のひとつは会社から歩いて数分の駅でしたが、家に帰って客観的に自分の仕事を振り返ってみて、冷静に通訳ができたなと思いました。友人などから『声は裏返らなかったの？』などと聞かれたのですが、それはありませんでしたね」

事件が起きた時、彼女の安否を気遣う日本の友人・知人も多く、メールがたくさん来たのがうれしかったそう。

仕事ではテロに限らず、突発的なニュースが入ってくると、それを数分の間に訳すのが大変とのこと。また、そうなると生で同時通訳というのが増えるので、通常に比べて仕事の負担が大きくなるそうだ。

インタビュー中、木綿子さんが同じペースで淡々と受け答えをすることに気づいた。慌てず冷静にニュースを翻訳していくという姿勢が普段の会話にも現れている気がして、これは同時通訳者として必要な資質ではないのかと感じた。だからこそ、この職場のスタッフに迎えられたのではないだろうか。

BBCワールドでは、ニュースだけでなくカルチャー系の番組も放送するので、シフトによってタイプの違う翻訳もする。ニュースの同時通訳とは異なるが、このあたりも対応していかなければならない。

「ドキュメンタリー番組のシフトで当たった番組に、イギリスの歴史に関するものがあって、訳すのに苦労しました。シリーズ物で、古い時代から第二次世界大戦までを追った番組。司会の方が大学教授で、話し方や使う言葉づかいがちょっと哲学的かつ表現が抽象的で、高尚な感じで訳しづらかったですね。そういう番組だと、きちんと訳さないと誤りになりますし。たとえば旅行番組で風景などに対するコメントを『キレイ！』と訳しても『いいねー！』と訳しても意味は伝わりますが、歴史番組では正確な用語でまちがいなく訳さなくてはなりませんから、訳し方の気合いも違ってきます」

ワークパーミット取得は難しいかもしれないけれど…

「私の場合は運が良くて、大学院のコースが終わる頃に求人募集を知り、それに受かって、ワークパーミットも会社が手続きしてくれたので、就職に関しては特に大変な思いはしていません」

と本人は言うものの、彼女の就職成功は、日本での職場時代から培われた能力、英語力スキルアップのための努力もベースにあったのは明らか。そして、英国でのワークパーミット取得で苦労している人が多い中、木綿子さんは就職時に4年分のワークパーミットが出たのだそうだ。ワークパーミットの取得は1年単位の人が多いというから、一度に出る期間としては長い。

また、大学院生当時、英国での他の就職先が視野になかったわけではなく、人材派遣会社に登録もしたが、当時はワークパーミットがおりないと言われ、残念に思ったという。その時のケースでいうと

「企業側にしてみれば、日本人を雇うのであれば、ワークパーミット取得対象となる人よりはすでに就労可能なビザを持っている人を選びますから」

木綿子さんの場合、大学院生という立場は学生ビザで成り立っていて、結婚などによる永住権と違い就職や仕事に制限があったため、就職活動には有効ではなかったのだ。

英国で就労可能なビザがおりるには条件がある。

「ワークパーミットがおりる条件のひとつに、『EUの中でどこを探しても適任がいなかったので、日本

人であるこの人を採用しなければいけなかった』という理由を証明しなければいけないらしいのです。けっこう面倒な手続きで、多額の費用もかかるそうなので、英国人と結婚しているなど、もともと英国で就労可能なビザを持っている人がいれば、そちらを選ぶことが多いようです。求人に合う人材がEUを探しても見つからなかったということを証明する手段として、全国紙に求人広告を出す、という義務もあるそうです。

ワークパーミット取得が難しく、英国での就職の夢が絶たれそうになるかもしれませんが、粘って英国に滞在し、ワークパーミットを取ってもらえる仕事を見つけた人も他社にいます。なので、今、英国で仕事をしたいと思っている人には諦めずに頑張ってほしいです」

ロンドン生活を満喫

食・住、そしてプライベートライフ

英国のみならず、世界的にもよく知られた職場で働く木綿子さん。安定した収入を得ているると思われるが、住まいは大家さんと同じ家の中に部屋を借りるハウスシェア。このハウスシェアは日本でいう下宿に近いもの。木綿子さんの話では、やはりひとり暮らしのアパートは賃料が高く、ワンルームタイプの部屋でひと月7~800ポンド（約16万円）もするという。

「ひとり暮らし用のアパートを自分で借りているという人は、高給取りが多いようです」

木綿子さんは、高級住宅地といわれる地域に住み、駅からも5分ほどの近さ。

「大きな3階建ての家で、その家にいると防犯面でも安心。下宿先の大家さんや他の同居人（英国人）が博識でユーモアに溢れており、ご飯を食べたりしながらしゃべっていると楽しい。また、下宿先にいるロシアから来たペルシャ猫の親子が本当にかわいく、賢く、私が家に帰ると玄関まで出迎えてくれて、一緒に遊んだりするんです」

と、日本人なら敬遠しがちな下宿住まいも満足しているよう。とはいえ、日本の下宿とはかなり趣が異なる部分もあるようだ。

プラスがあれば、マイナスも…

「アジの開きやお刺身も手に入りますし、和食の食材には困らないです。普段作って食べているのは日本の家庭料理。肉じゃがやカレー、焼き魚、野菜いためなどです。他にもいろいろな食材が手に入ります。あと、ロンドンは世界各国の料理を出すレストランが豊富にあり、いろいろな国の食べ物が手軽に食べられます。うちの近所でいうと、中東、インド、イタリアン、南アフリカ、それにロンドンいちと言われる魚料理レストランもあります。とにかく種類がいっぱいあるんです。ちょっと値が張るところもありますが、手頃な値段で食べられるところもたくさんあります」

食事がマズいと言われる英国だが、ロンドンでは口コミなどで情報を得れば、おいしいものにめぐり合えそうだ。また、

「一流演奏家のコンサートやオペラなどが手ごろな値段で楽しめて、チケットも取りやすい。美術館や博物館でも素晴らしい展示が豊富かつ無料のため、しょっちゅう行ける。公園など緑が多く、ロンドンからちょっと出ただけで素晴らしい自然が広がっている上に人影もまばら。歴史や文化を身近に感じられやすいことが、英国のいいところですね」

と実感している木綿子さんは、プライベートもアクティブだ。週1回テニス・レッスンを受け、ジム通いもする。ワイン・テイスティングの講座も受講中で、ロンドンのウォーキングツアー（ロンドン各地の徒歩ツアー。観光客でも参加できる）にも時々参加。これは地域の文化や歴史について知ることができておもしろいのだそう。以前はアンティークのオークションなどで知られるサザビーズの一般向け夜間講座にも参加していた。これは日本のカルチャースクールのようなものだが、講師は当然、その道のプロ。

アンティーク家具について学ぶコースを取り、博物館やナショナルトラスト（P80参照）所有の貴族の旧邸宅などに家具を見に行ったりもしたという。

もちろん、ロンドン暮らしは良いことばかりではない。マイナス面として
「物価や税金が日本より高い。公共交通機関が日本より高い（地下鉄の一区間が600円以上）割に全くあてにならない。病院が予約制のため、風邪を引いて病院に行きたいと思っても、数日先にしか予約が取れない」

といったことを挙げてくれた。

「仕事もプライベートも日本にいた時より充実感を感じている」と言う木綿子さん。このまま英国に住み続けようと考えているのだろうか。結婚したらどうなるかわからないし、老後の不安を思うと日本に帰ることも考えていないわけではないそうだが、英国は永住の地の候補ではあるようだ。

「結婚については、英国に来てから、自分の人生の中でのタイミングの良い時にすればいいのではないかと思うようになりました。今は好きなことを仕事にし、気軽にオペラやバレエ、コンサートを観に行ったり、旅行に行ったりできる。また、日系企業の駐在員や日本人以外の方など、日本にいたらおそらく知り合えなかったであろう人々と知り合え、視野を広げられています」

好きな土地で望んだ仕事を手に入れた。何よりこれがいきいきとした生活を送っている理由だろう。

ビザとワークパーミット

英国に滞在するにはビザがなくてはならない。ビザには、学生ビザ、アーティストビザ、配偶者ビザなど、種類がいくつもある。

英国で働くためには、永住権（パーマネント・ビザ、永住ビザとも言う無期限滞在許可証）や配偶者ビザを持っていない場合、「ワークパーミット」と呼ばれるものが必要だ。これは労働許可証のことで、人によっては労働ビザとも呼ぶ。

通常このワークパーミットは、就職する会社がその社員のためにホームオフィス（内務省）に申請するもの。期間は1年の場合もあれば、複数年の場合もある。また、会社員ではないフリーランスのアーティストに対しては、アーティストビザというものがある。ただし、どちらも申請したからといって必ずしも許可がおり、ワークパーミットが発行されるとは限らない。

もちろん英国籍を持つ相手と結婚した場合は、配偶者ビザがあるので英国内での就職には問題はなく、ワークパーミットを申請してもらう必要はない。

また、ワークパーミットがなくても、学生ビザがある人は週に20時間アルバイトをしてもよいことになっている。しかし、規定の労働時間を破ると違法になり、雇用主も雇用された側も罰せられる。

ワークパーミットがおりて英国で働くようになり、その滞在年数（留学は除く）が5年を超えた場合は、英国での就労や滞在に制約のない永住権の申請が可能になる。ただし、ワークパーミットを初めから5年分申請してくれる会社はあまり多くない。取得したワークパーミットが5年未満の場合は、永住権に結びつけるために延長が必要となる。延長は同じ会社か同業種でなければならない。（本書の中で「4年滞在で永住権取得」という人がいるが、それは永住権申請の規定が変更される前（2006年3月以前）だったためである）

なお、ビザに関しては、永住権申請に必要な滞在期間、学生ビザでの労働内容や滞在機関などがしばしば変更になる。2006年4月にはホームオフィスが大幅な改正内容を発表、実施は2007年後半かそれ以降とされているが、渡英を考えている人はしっかり確認を。

※ビザについての詳細は、英国大使館などに問い合わせを。

波乱の仕事遍歴を経て

横山明美 さん

日系保険ブローカー

ロンドン在住／英国生活20年／40代

渡英20年を越える明美さん。ファッション関係の仕事に就きたいという希望のもと、ロンドンの日本食レストランのウェイトレスをしながらカレッジに通う、という生活からスタート。その後、女性ポップシンガーのプライベートシェフ、ルイ・ヴィトン勤務、さらに生活は変化し、保険ブローカーとして就職、現在に至る。勤務先では、日本人アルバイトや正社員の雇用にも関わり、過去に幾度となく日本人スタッフのワークパーミット発行手続きのアドバイスも行っている。

自力で手に入れた家を持ち、乗馬や海外旅行を楽しみ、ボランティア活動にも参加、週末は友人を招いて庭でバーベキュー。英国暮らし希望の女性ならきっと、ロンドンでこんなふうに暮らせたらいいな、と思うようなシングルライフ（結婚経験あり）を送っている明美さん。その裏には、強いバイタリティと向上心、そして努力があった。

スタートはウェイトレス

高校卒業後、すぐに渡英

北海道出身の明美さんは、英国のロックやファッションに強い興味を持っていた。そのため、最初の仕事は「英国に行きたい」一心で、高校卒業後すぐに、たまたま日本にいる時に見つけたロンドンの日本食レストランのウェイトレスの職に応募する。2年契約ということで、ワークパーミットは雇用先が取ってくれた。1985年のことだ。

ここからが、彼女の上昇志向とそれに伴う努力のスタートだ。そもそもファッション関係の仕事に就きたいと考えていた彼女は、2年契約のレストランで契約延長し、4年間勤務。その間、仕事と並行して学校にも通う。

「ウェイトレスで終わる気はなかったから、そこに勤務する傍ら、英語学校、そしてファッションカレッジに通いケンブリッジ検定（P38参照）のFCE（First Certificate in English）を取得しました（後に最上級レベルのCPE／Certificate　of Proficiency in Englishも取得）。

このレストランのお客にはアーティストやミュージシャンなど刺激的な人たちがやってきました。ロンドンにいる著名人で日本食を食べたいと思う人なら誰でも来たし、あの浩宮様も留学時代には来たお店です。私はファッションカレッジに行っていたし、メイクも毎日変えてみたりと工夫していたら、お客さんの中に私に興味を持ってくれる人がいて、彼らと仲良くなりました」

後にそこから新たな出会いが生まれた。

ティナ・ターナーのプライベートシェフに決まったものの…

彼女の仕事の転機になったことのひとつに、あのティナ・ターナーのプライベート・シェフとして雇われるというエピソードがある。

「お客さんの中にティナ・ターナーと関係が深い人がいて、名前も教えてもらえないまま、『有名な人のプライベートシェフにならないか、面接を受けないか？』という話が出たんです」

レストランを円満退社し、めでたくプライベートシェフの座を得て安泰かと思われたものの、この後波乱が起きる。ティナ・ターナーがそれまで拠点としていたロンドンを離れ、アメリカに移住するというのだ。明美さんとしては、あくまでもロンドンで生活したいので、ティナについていくことはできない。そのため、また新たに仕事を探さなければならなくなってしまった。

「同業種のワークパーミットを延長するため、同じ知人が経営するレストランで夜間勤務しながら、日中はルイ・ヴィトンで働き始めました。ロンドン初のルイ・ヴィトン日本人スタッフでした」

勤め先の延長ビザも加わって在英4年を越え、明美さんは永住権を取得した。

ファッション業界でPRの仕事をしたかったが、事務職に就いた経験がゼロで雇用先が見つからなかった。そこで一般事務技能を身につける目的で日系のジョブセンター（職業紹介所）で現在の仕事を見つけたという。

「2年くらい働いて技能を身につけたらファッション業界に転職する予定だったのですが、入社半年で会社で与えられたプロジェクトが成功し、仕事がおもしろくなり現在に至っています」

彼女の仕事は保険ブローカー。市場の隙間（ニッチ）を狙ったユニークな損害保険開発などもする業務だという。

明美さんの家の庭でたたずむ愛猫のベンジャミン

英国で就職を望む人へ

採用側から見た厳しい現実

明美さんは、現在の会社でアルバイトの雇用についても関わり、正社員を希望する人の査定や、ワークパーミットを出す出さないといったことについても勤務先にアドバイスする立場にある。そんな彼女の目から見た、日本人の就職状況はどうなのだろうか。

「アルバイト募集をかけると、1人の枠にかなりの応募があります。2日で締め切った時でも、15人ほどの応募がありました。もっと募集期間が長いときりがないくらいではないかと思います。うちの会社の場合は少なくとも2年以上の事務経験がない人は、面接にも至らないですね」

明美さんの会社で採用するのは、日本で事務職の経験があり、その後語学留学などでロンドンに来ている人が対象だそうだ。

「即戦力になって、コモンセンス（一般常識）のある人でないと。語学能力はケンブリッジ検定のFCE程度があればOK、学歴はそれほど問いません。でも、語学を勉強しに来たのなら、あきらかに英国に滞在したいがためだけにダラダラと学校に通い続けた人よりも、着々と試験を受けて資格を取ってきた努力家、つまり目的がはっきりしており、時間を無駄にしないタイプの人に惹かれます」

しかしアルバイトは、アルバイト。仕事内容はやはり限られているという。また、学生アルバイトは勤務時間数も決まっており、正式なワークパーミットで働く人とは立場も条件もまったく違う。

「かなり数は少ないですが、このアルバイトから能力を認められ、会社がワークパーミットを出して正社員に昇格する人も中にはいます。正社員募集で入社してくる現地採用の日本人ももちろんいますが」

OL経験後に語学留学、そして、かつての能力を活かせる日系現地企業での就職というのはひとつの理想だと思うが、これもまた難関。日本での中途採用以上に、学生アルバイト応募は競争率が高く、そこからあわよくば正社員登用というのはさらにハードルが高いのだ。明美さんの目から見て、ワークパーミットを出すにふさわしい、お眼鏡にかなう人材というのは高いレベルを要求されるようだ。

また、熱心に働く人でも

「ワークパーミットが欲しいという意気込みが表にがんがん出ている人がいても、『かわいそうだから採ってあげよう』というわけにはいきません。会社が求めているような人材であるかどうかが重要なのです。でも、日本にいようが、アフリカにいようが、英国にいようが、キラッと光る何かを持っている人、会社にとって『この人にいてほしい』って思わせるような人は違う。ただやる気だけの『がんばります!』という人はダメですね。今は特に、日本での資格、しっかりした経験がない人だとホームオフィス(内務省）でのワークパーミット申請に納得してもらえないんです」

会社がホームオフィスにワークパーミットを申請しても、100%おりるとは限らない。もちろん、会社としては必要な人材だからこそ、申請するわけだが、そこにもまた苦労がある。

「会社が欲しい人材にワークパーミットを出すためには、ホームオフィスと会社でもやりとりをするわけです。『この人に働いてほしい』と思い、そうしてもらうためには『いかにその人が会社にとって重要で、その人以外には他にだれもいない』ということを説明しなければなりません。

アルバイトから昇格させて、学生ビザでなくワークパーミットで働いてもらいたい人がいるという時でも、公募（新聞などに求人広告を出したりする）して、応募してきた人を面接をして、その中のひとりとして今までアルバイトをしてくれた人も含まれているということです。その中から選んだ人に対してワークパーミットを出してほしいということを伝えるのです。ただそのワークパーミットも2年、3年などの期限付きで、自動的に永住権が取れるわけではありません」

自立を望むのであれば…

仕事でも日常でも、多くの英国暮らしにあこがれる日本人女性に接してきた明美さん。

「ただ単に英国で暮らしたい、というだけの女性があまりにも多いのに驚きます。『英国で何がしたいのか』というビジョンも持たずにやってくる人が多いですね。英国に来る前に自分のビジョンを明確にし、どれくらいの期間で何を得るために渡英するのか、〝目標〟とそれを達成するための〝プロセス〟をビジュアル化すべきです。そのビジョンが英国で就業し自立した生活を営む、というものであれば…」

と明美さんから以下のようなアドバイスが出た。

①英語は、読み書きはもちろん、スムーズな会話力が必要です（ケンブリッジ検定のFCEレベルが最低限必要）。

②ワークパーミットを申請してくれる雇用先を見つけるためには、英語力以外に、他の人が持っていない優れた能力、資格、および経験があると有利。なお、現在ワークパーミットの取得には、特定のポジションに対して一般公募を行い、その中で一個人が一番優れた人材であることを雇用主が政府に証明しなければなりません。一般的に学位号を持たない人は、特にその職種において英国外でかなりの経験を積んだ人でなければワークパーミット取得は非常に難しいと言われます。

③留学生は学校に通いながら週20時間まではアルバイトをすることが法律で認められています。①と②を兼ね備えている人は、興味のある企業でアルバイトをしながら、自分の能力と可能性をアピールし、ワークパーミット取得→正社員の道を切り開くこともできるはずです。

この中で、英語力は英国に来てから語学学校その他でスキルアップをするとして、その他についてはやはり日本でどのくらい、何を頑張ってきたか、というのが評価されるのではないだろうか。

明美さん自身は、日本から来た時には仕事のキャリアはなかった。彼女は働きながら、英語学校に通った他、Open University（通信教育）で7年かけて生物学、環境科学の学士号（2002年）という資格を取りスペシャリティを身につけた。彼女のアドバイスは、理想論でなく自身の体験・実績から出たものなのだ。

学生も楽じゃない

学生をやりながら、うまくアルバイトを見つけられたとしても、学生が働く時間は限られている。現在、一般的な事務職のアルバイト時給は7ポンド程度と言われている。そういった会社で、学生が許される時間をフルに働いたとして月に12万円の収入が限界。それで1ヶ月まかなうのはかなり大変だ。学生アルバイトの様子を知る明美さんは言う。

「どん底の暮らしをするとしても、フラットシェア（アパートの部屋を数人で同居して使う）で1週間の家賃が最低60ポンド（約1万2千円）、1日の食費が80ペンス（スターバックスのコーヒー1杯がその倍以上の値段だと思えば、いかに切り詰めた食費かがわかるはず）という人もいますが、アルバイトだけで生活費や学費をまかなうのは苦しいと思います。だから、日本から来る留学生はお金を貯めてきて、その貯金を崩しながらやりくりしているようですよ」

また、語学を学びつつ、なるべく長く英国に滞在したいという人にとって、大変なのは金銭面だけではない。以前は、とにかく滞在したい一心で留学期間の延長を考え、いつまでも同じ語学学校に（言葉は悪いが）居座る人もいたようだ。本当に語学の上達が遅く、延長を希望する人もいるようだが、極端な例だと、本当は語学の検定試験を受けて合格すれば本来の語学留学の目的は達せられ帰国となるのだが、これが嫌でわざと試験に失敗し、再度試験を受けるために留学延長を申し込む人もいたそうだ。しかし、現在そういうことは認められないような動きがあるという。こういう人には「同じ勉強を繰り返して効果がないなら、もうあきらめて帰国しなさい」ということになってしまうとか。

「同じ滞在延長ならば、ステップアップを」と明美さんはアドバイスする。

「語学学校の後、カレッジで何かの専門を学び、それに繋がるような他の科目を学ぶ、ということならいいのでは？」

語学学校の後、フラワーアレンジメントを学び、さらにガーデニングやアロマテラピーといった具合に、（この例だと花や植物だが）繋がりのある科目を学べば専門分野の知識を幅広く深く得ることができるからだ。

「私はいつも思うのですが、英語というのはツール。花を切るのにはハサミが必要。英語はハサミでしかない。英語という語学を、特殊な〝学問〟として学ぶのなら別ですが、それ以外の人たちにとっては英語は道具なので、『英語以外に何ができるのですか？』ということになってしまう。語学学校に行ってみて、次に何をしようかな、大学にでも行ってみようかなではダメだと思うし、私のまわりにはそういう人はあまりいないですね」

それでも、英国に残りたい理由が資格取得などではなく、「とにかく英国にいたい」という人ももちろんいるわけだが…。

オン・オフの切り替えで暮らしを楽しむ

生活を彩る趣味いろいろ

明美さんは、キリッとしたキャリアウーマンだが、仕事がオフの時は実に多彩な趣味を持つ。その暮らしぶりは、まわりから見たらひとつの理想の暮らしをエンジョイしているように思える。ロンドンに自力で自宅を購入し、愛猫と暮らす。現在はボーイフレンドはいるがシングル。

「英国で結婚と離婚を経験しましたが、英国は日本より離婚率が高く、まわりにシングルの人が多いので気は楽。私は結婚する前に、すでに永住権を持っていました。だから永住権を持っていなかった日本人の元夫は、その結婚で永住権を得られたから感謝してくれたかも」

平日は残業もこなしハードに働くが、オフの日はそれを存分に楽しむ。10年以上続けている乗馬は、週末の楽しみだし、郊外の農園で新鮮な野菜を手に入れたら、日の長い夏は友人を招いて美しく手入れされた自宅の庭でバーベキューパーティーを開き、自慢の料理をふるまったりもする。

彼女の趣味には他に、野生動物と環境を楽しむ旅行、自然保護団体のボランティア活動、旅行記の執筆活動などがある。旅行ではアフリカに出かけ、風景や動物の写真を撮るが、これがプロ級の腕前。雑誌に写真や原稿を寄稿したりするほどだ。自然や動物に関しては人並み以上の関心があり

「現在の仕事には満足しています。でも、できるだけ早く〝生活のために就労〟する生活を終えて、自然環境保護活動など自分のパッションを追いたいと思っています」

休日の乗馬で心身共にリフレッシュするのだそう

自分の身は自分で守る

意思が強く、ステップアップのためには苦労を厭わない明美さんだが、

「日本にいた頃は、一般的な人とは異なる趣味趣向（ファッションや音楽しかり）を持っていて〝変人〟扱いされもしました（笑）。けれど英国では、他人と違う〝何か〟を持っていることは素晴らしいと賞賛されました」

これが、彼女にとって英国と相性のいい理由のひとつだったのだろう。また、日本と比較すると第三者の干渉があまりないのが精神的にも楽だと言うが、そのかわり、

「家族や友人に頼らず、自分の身は自分で守らなければならない。日本では世間一般の流れに従うことで秩序が保たれる傾向がありますが、英国ではそのような大きな流れがないので、物事の善し悪しを自分で判断して行動する強い精神力が必要。日本のようにたいていの人がコモンセンスを理解している国と違い、英国では『いちいち説明しなくてもそれくらい理解できるだろう』ということまで、しっかり言葉で説明しなければならない場面が多いですね」

と言う。英国で暮らす上で、頭に入れておかなければならないことだと思う。

また、現在の仕事や英国の生活環境については

「社会環境の中で、特に女性として、自分のクリエイティビティや独立精神に対する評価は英国の方がはるかに高いと感じます。英国で白紙のキャンバスに放り込まれて以来、現在までに人生の中で勝ち得たものは、全て自分が築き上げたもの。その自覚が日常生活でさらに自尊心を生み出す。充実した環境にいると思います」

英国への憧れの気持ちが先行し、実際の暮らしについては白紙状態で英国に飛び込んでいく人も少なくないと思うけれど、やはりビジョンをしっかり持ち、それに向かって着実に自分磨きをする気持ちがある人こそ、充実した生活が送れるのではないか。明美さんを見ているとそう思わずにいられない。

ケンブリッジ検定

ケンブリッジ英語検定試験(University of Cambridge Local Examination Syndicate Examinations in English as a Foreign Language)のこと。

英語検定は日本ではTOEIC、TOEFLがよく知られているが、英国で、英語が母国語ではない人の英語力チェックによく使われているのが、このケンブリッジ検定（ケンブリッジ英語検定とも呼ぶ）。この検定の資格取得が、大学入試や就職に影響してくると言われる。

また、英国のみならずカナダやオーストラリア、各国の企業でも認知されている検定試験で、世界165カ国で年間に200万人以上が受験している。

この検定試験は、ライティング、リーディング、リスニング、スピーキングの能力がチェックされ、レベルは初級から上級まで

KEY ENGLISH TEST（KET)、
PRELIMINARY ENGLISH TEST（PET）
FIRST CERTIFICATE IN ENGLISH（FCE)
CERTIFICATE OF ADVANCED ENGLISH（CAE)
CERTIFICATE OF PROFICIENCY IN ENGLISH（CPE)

の５つに分かれている。

日本の留学生がまず目指すのは中級レベルのFCE。最上級レベルのCPEは、英国人でも驚くほどの難しさだとか。合格するには英語力だけではなく政治・経済など英国における一般常識に対する理解が不可欠、ビジネスで通用する語学能力の証明となる。CPEはTOEICで990点、TOEFLで670点に等しいレベルと言われている。

この他、英国での英語力チェックによく使われているものに、IELTS（International English Language Testing System /アイエルツ）がある。こちらはどちらかというと、留学生向けと言われており、英国の大学では、TOFELでなくこちらの結果を見るというところが少なくないようだ。

ケンブリッジ検定、アイエルツは日本でもブリティッシュ・カウンシル（P 231参照）などを通して受験できる。

ふたつの顔を持つ行動派

山本由美 さん

証券会社営業職・ダンススタジオ経営

ロンドン在住／英国生活7年／30代

国際金融市場の第一線で働くキャリアウーマンの由美さんは、日系証券会社のロンドン支店に勤務し、巨大マネーを動かす数少ない女性営業職。刻々と変化する証券市場。張りつめた緊張の中で、市場という見えない相手と日々戦っている。

仕事柄のせいか、理知的で現実的なイメージが先行する由美さんだが、彼女と英国を結びつけたそもそものきっかけは、学生時代の恋。英国での短期留学で出会った人を追って、さらなる留学を決意したのが始まりという、なかなかの情熱家でもあるのだ。

英国の大学に通ったのち、日本に戻り金融の世界に足を踏み入れた由美さん。そして、証券会社のキャリアウーマンとして再び英国に居を構える。

バリバリ働く一方で、彼女はもうひとつの顔を持っている。特技を活かして、ダンス教室を開いているのだ。ダンスといっても、社交ダンスやジャズダンスではない。教えているのはなんと「ポールダンス」。映画で見るような、踊り子が天井へと伸びたポールに絡む、セクシーに動くダンスである。

グローバルな金融市場で働き、なおかつ自分が関心を持つものに対し情熱を惜しまないバイタリティ溢れる由美さん。彼女は今、英国での次なるプランを練っている。

在英キャリアウーマンへの道

逆風からのスタート

由美さんは日本の大学在籍中に、2度の短期語学留学を経験。3年生になると、さらに本格的に英国のLondon School of Economicsの経済学部へ留学する。本来は1年間の交換留学だったが、

「実は私だけ2年間だったんです。『もっと滞在したい』とゴネたら、許されてしまった（笑）」

留学先の大学を2年で修了し卒業。帰国すると、もといた日本の大学にも復帰し、こちらもきちんと卒業する。だが由美さんが卒業し、就職活動を始めたのは、バブル経済崩壊後の1994年。景気が大きく急降下を始めた時期で、当然、新卒の大学生には就職難という大きな壁が待ち受けていた。今でこそ、絵に描いたようなキャリアウーマンぶりを発揮する由美さんだが、当時は多くの学生同様、不景気という逆風に自分の進む道をしばし模索することになる。

「経済はボトムで、なかなか職が見つからない。いろいろと探しているうちに、証券会社のリサーチという仕事に興味を持つようになったんです。そこで志望を証券会社に絞り、『一番初めにオファーをくれ

た会社に就職しよう』と心に決めて活動することにしました」

今も昔も、目標を決めた後の実行力が彼女の強さ。再度就職活動にチャレンジしたとたん、

「一番初めに訪問した証券会社で、すぐに決まってしまったんですよ」

由美さんを迎え入れてくれたのは、外資系（アメリカ）の大手証券会社。証券会社のリサーチ職というと、新卒の学生相手にはなかなか募集のない職種だが、

『英語もできることだし、いいんじゃないか』ということで、トントン拍子で話が決まってしまいました。会社も、当時はまだ今ほどの規模や組織ではなかったので、『明日から来てください』という軽い感じでしたよ（笑）。今だったらそうはいかないかもしれませんね」

不景気に就職難という、逆風の中で勝ち取ったキップ。役に立ったのは、学生時代に留学で身につけた英語。こうして、外資系の証券会社が由美さんのキャリアのスタートとなった。

目標に向けて、着実にキャリアアップ

「人におもねない、ドライな業界」と由美さんは言う。

「一般の企業のように、コストを払って人を育てて、一人前にしてから回収するという考えが希薄。外に育った人がいるなら、多少のコストを払ってでも引っ張ってきた方が早いという風潮がありますね」

最初に入社した証券会社で、2年半ほどトレーニングを積んだ頃、早くも転機が訪れた。

「この業界では、20代でのヘッドハンティングもめずらしくないんです。証券業界にいたら、意外と普通ですよ」

由美さんは、外資系証券会社の調査部へ転職し、そこからさらに英国現地法人の証券会社社員となる。海外勤務となったのは、現在勤務するその証券会社に入社してから。だが、入社当初は日本での勤務だった。その後ロンドン勤務となり現在に至る。彼女が担当する業務は、日本株を英国の機関投資家向けに売買するというものだ。

「英国の投資家の方々と交流する機会があり、仕事だけでなく英国の話題に親しみ、日頃から懇意にしていただいた方が何人かいたんです。ロンドンへの異動がスムーズに決まったのは、そういったお客さんからのお口添えもあったのかな？　と今になって思いますね」

異動を希望してから1年半ほどかけて実績をあげ、ボスに直談判。さらに仕事相手の応援もあって念願がかない、ロンドン勤務となった。

海外の金融機関で働くということ

株価を伝えるテレビニュースなどではよく、証券取引所の映像が流れる。なじみのある風景だが、よくみると女性が少ない職場だということがわかる。これは日本だけでなく、海外でも同じらしい。

「この業界自体が、男性主体主義〝メイル・ドミナント〟だからだと思います」

由美さんの職場でも、アシスタントや間接業などであれば、日本人女性も多い。だが彼女と同じ仕事をする女性は今の職場にはいないという。株の営業として市場の第一線で働くとなると、また話が違うのだ。そんな自分の仕事については、

「男女差はあってあたりまえ。あまり大変だと思ったことはない」

と受け入れる。保守的で息苦しい業界ではないのだろうか？

「この業界なりに〝女性であること〟を活用し、女性が少ないことを逆手にとり、チャンスに変えています。お客さんとやりとりをする上で、女性に求められる〝社会的なしなやかさ〟みたいなものはマイナスではないと思っているんです。だから私は、無理して男性と同じように振る舞おうとは思っていません」

株の営業という仕事は、市場と向き合うだけではない。投資をするお客さんとも向き合うことが求められる仕事だ。

「市場や企業の話をすれば、それで情報は買ってくれるかもしれません。でもそれだけの関係になってしまうと、お客さんとの人間関係が育たないんです。だからお客さんがサッカーファンだとしたら、サッカーの話題をふってみたり、オペラファンならオペラの話題だったりと、社交的なおつきあいを心がけています。なにより、私もその方が楽しい」

そういった配慮が、今の地位を支えている。

「信頼してついてきてくれるお客さんがいます。やはり一辺倒ではない、女性的な柔軟さみたいなものが、意外に作用しているんじゃないかなと思っていますね」

とはいえ金融業界はシビアな世界。女性だからといって、もちろん容赦はない。

「昨年、大きなミスをした時は、あわやクビかというところまでいきました。売買のオーダーをまちがえて出してしまったんです」

どんな仕事にも人為的なミスはつきもの。だがこの仕事では、ほんの一瞬の過ちで大金が消えても何ら不思議ではない、そういう危険がつきまとう。

「大損害を出してしまったんです。人事部に尋問されたり、給料が差し引かれたり…この時は大変でしたね。そういう失敗をすると、とてもヘコみます。でも人間の記憶って便利にできていて、失敗を忘れるわけじゃありませんが、嫌な思いはサッと忘れて（笑）、翌日から仕切り直します」

これが、英国で働くキャリアウーマン由美さんのポジティブさの秘訣だ。

英国での生活

恋から始まった英国生活

由美さんが最初に英国を訪れたのは、大学1年生の時。

「語学研修の短期留学です。そこで運命かと思えるような出会いをしたんですよ」

遠距離恋愛の後、再度渡英を決意した理由は、その人と暮らしたかったから。結婚しようと思ったほどの相手だったという。

「でも社会人として英国に来て、つきあい始めてみたら…。お互いの人生がまったく違うペースで進んでいることに気づいてしまったんです」

彼は学校に行かず家業を継ぎながらつつましく生活する一方で、由美さんは世界を舞台に活躍するバリバリのキャリアウーマン。ただでさえ、階層分化が激しいと言われる英国社会。おのずと価値観の差は出てきてしまうものだ。

「彼は特別な人でしたが、結婚には至りませんでした。"恋愛"ということからしてみれば、相手がどんな立場の人でもいいと言う人がいる。でもそれは理想論じゃないかと思います」

外食した時の食べ物ひとつから、レジャーの過ごし方、結婚観や家庭観まで違うと、どんなに特別な気持ちがあっても共同生活は難しい。

「同じ視点でモノを見られる人でないと、大人になってからの恋愛は難しいということを実感しました。また私は、結婚したい、子どもが欲しい、家庭が欲しいという理由で誰かと出会いたいというのは、自分にとってはふさわしいとは思っていません。だから、自然発生的に誰かと知り合ってそういうことになったら、それは素晴らしいことだと思いますが、そういう人と出会っていないということなんでしょうね。一緒にいて楽しい時間を過ごすという人は、今までもいましたが…」

住まいと安全

住まいはロンドン中心部からほど近いハイゲート。最近になって家を購入。60年代に建てられた、北欧の影響もある四角い独特な形をした家なのだとか。

「学生時代も住んでいて、自分が一番よく知っている地域だから。あとはちゃんとコミュニティが機能しているかどうかが重要。顔見知りの人が多いから、普段から道で『ハーイ!』と挨拶を交わせるんです。地域の結束が固いというのは安心できますよね」

由美さんが住むのは、学者や金融関係者が多く住む比較的高級な住宅街だ。「自分が住む場所は慎重に考えた方がいい」と言う。どこの国でも言えるが、女性ひとりで住むとなると危険は少なくない。由美さんも泥棒に入られたり、深夜のバスやタクシーのドライバーから不審な態度を取られたり、なんと真っ昼間の街角で強盗の被害に遭ったこともある。それだけに、住まいには細心の注意を払っているという。そんな経験もあって

「英国に来たばかりの日本人などは、どうしても不用心なことが多い。深夜の公共交通機関の利用などはもっと気をつけてほしいですね。平気でナイトバス（地下鉄の終電後、深夜運行しているバス）に乗ったりするし。安全とされるブラックキャブのドライバーですら、深夜帯は態度がおかしい人もいます」

と心配する。

英国でセカンドビジネス!?

ダンススタジオをオープン！

由美さんはキャリアウーマンという顔の他に、もうひとつダンサーという顔を持つ。それも仕事の傍ら、単に踊りを踊るだけではない。ダンススタジオを運営し、そこで自ら講師も務めているのだ。ダンスを始めたのは、つきあっていた彼との失恋がきっかけ。

「恋愛が終わったら自分の時間ができた。昔、ダンサーにあこがれて、何種類かのダンスを習っていた時期があったんです。だからもう一度挑戦しようと思い、たまたま近所にあった教室の門を叩いたんです」

叩いたはいいが、先生は元ストリッパーで教えていたのが〝ポールダンス〟。多くの男性を前にしたステージで、セクシーな女性がポールを支柱に艶やかな踊りを見せるというもの。

「それがすごく楽しくて夢中になっちゃったんですよ。『ダンスの基礎ができてるから、動きがとてもキレイ』なんて褒められて、うれしくて調子に乗って始めたのがきっかけです」

セクシーなだけでなく柔軟な体とセンスが要求されるダンス　photo:Rosa de Cara

その先生と意気投合。スタジオを借りるお金、内装費、設備のリースなどを共同で出資し、2003年からスタジオをスタートすることに。意外にも、生徒は弁護士や医師など社会的ステータスの高い女性が多い。これらの業界では普段から男性並みの仕事能力が必要とされ、女性であることを忘れがちなので、このダンスで自分の女性らしい部分を再認識するのだという。

気になるのは本業との兼ね合い。昼間は会社に勤め、夜はスタジオへ。そんな生活が本当に可能なのだろうか？

「証券会社ということもあって、副業に対しては会社だけでなく省庁などによる規制もあります。それにセカンダリージョブは許可制でもあったので、会社ではダンスのことはオープンにしています。同僚たちも、きちんと仕事をしている限り、他人の私生活に余計な首を突っ込んでくることはありません。誰でもみな、生活や家庭を持っているわけですから」

photo:Rosa de Cara

新たなる目的

理解ある職場、息のあったパートナー、一見、何も問題なさそうに見えるが…。

「実はスタジオが大赤字。固定費などのコストが高すぎたのが響いているんです。ビジネスモデルが機能していないので。そこでもう一度、自分ひとりでやり直すことにしました」

たとえ趣味であっても、きちんと利益を出すのだという。固定費のかからないノンアセットビジネスを目指し、既存のスタジオを時間単位で借りたり、設備も資産として預かってもらうなど、コストを最小限に抑えた方法に切り替えた。由美さんの聡明さ、たくましさ、チャレンジ精神は並大抵のものではない。

趣味であっても、何か価値を生み出したいという欲求をひしひしと感じさせる。

スタジオの運営にここまで一生懸命取り組むのには、明確な目的がある。利益を生み出し、その資金をチャリティに送るためだ。

「今教えてるのはポールダンスですけど、パフォーマーとしてはサンバなども踊っているんです。それで南米のリオなどにもよく行くのですが、そういうところで貧しい国の惨状を目の当たりにしてしまい…」

考えられないような貧困の中で暮らす子どもたちを多く見てきたのだという。当初は子どもたちに毎月お金を送る運動にも協力したが、

「惨状を目の当たりにして思ったのは、問題は子どもではなく大人だということなんです。子どもを産んでも、育てることを知らない。捨てられた子が親になりまた同じことを繰り返す、貧しい子どもの再生産。親にこそ教育が必要だと思い、そういうチャリティに少しでも金銭的な援助をしたいと考えたのが始まりです。

そんな活動について、"自己満足"と批判もされます。それもわかっていますし、自分が何かを変えられるとも思っていません。でも、貧しい国でボランティア活動をするにも、どうしてもお金は必要。そういうお金をどう調達するかといったら、英国や日本、アメリカなどの豊かな国が資金を配分しなければいけないんじゃないかと思うんですよね。自己満足と言われても、お金を出す人がいないと何も始まりませんから」

金融の世界に身を置く人だからか、心なしか口調も重めだ。

由美さんらしいところは、このチャリティも本業で得た収入からではダメだということ。

「証券業界で働いていることで、金銭的に恵まれている面はあると思います。でもその一部を余裕があるからあげるということでは、私にとっては意味がない。ダンスは私にとって、お金がもらえなくてもやっていて楽しいこと。ありがたいことに、若干の才能があって、若干のお金を稼ぐことができる。でもそれは自分の生活には必要がない。だからチャリティ活動に協力できるんです」

英国で暮らす理由

外国生活は甘くない

外国で生活する理由は、勉強やキャリアなど人それぞれ。

「私だって、キャリアを築こうって100%思っていたわけじゃありません。でも今考えてみると、やっぱり自分のことを一番に考えて出た結果だと思うんです」

何かを変えたくて、海外に目を向けるという人は多い。ロンドンはコスモポリタンな場なので、日本だけでなく世界中からそういった人たちが集まる。

「東京よりは門戸が開いているのかもしれません。でも、同じ土俵に立ってそこからまた新しい生活をして、何かを築き上げようというのは、そんなに甘いことじゃなく、とても厳しいことです」

とクギを刺す。

「英国でそこそこのキャリアがあって、収入もあって、ある程度いい生活もできる。海外生活にあこがれを抱く日本女性がみたら、私の生活は夢のようかもしれません。でも実際は、英国の生活なんてストレスだらけなんです。爆破事件があれば、テロもある。それに日本人だってここではマイノリティ。やっぱり見えない人種差別もたくさんあります。おまけに何倍もの高い税金を払わないと、市民と認めてもらえない。『だったらなんでいるの?』と思うこともあります。

海外生活を希望する人で、まずは日本で何がしたいか、どう生きたいか全くわからない、あるいは考えたこともないのに、『とりあえず、外国に行けばどうにかなる』と思うなら、考え直したほうがいいと思います。外国はそんなに甘くありません。ロンドンのような東京よりはるかにコスモポリタンな街では、それこそ生活も、それに含まれる犯罪も、誘惑も、質が全然違います。自分を見失って人生の落伍者になるというルートも選択肢としてあるわけです。

常識的に考えれば、外国に来てスキルアップなり、勉強をしたいと思っている人たちに最悪な選択をする人はいないでしょうから、まずは日本で身につけられる最高レベルのものを身につけてから外国にチャレンジするというのが、遠回りに見えても、実は一番の近道なのではないかと思います。もっとうがった言い方をすれば、ｌｏｓｅｒであってもそれなりに生活できてしまうのが大都市の怖さ。そして一度落伍してしまうと、這い上がるのは自国にいる時よりずっと困難です。自分を見失わないための技量と精神力をまず身につけてください」

リストラから海外勤務へ

伊藤靖子 さん

製薬会社研究職

スコットランド在住／英国生活5年／30代

日本では、某大企業の薬品部門研究所に在籍していた靖子さん。ところが、所属部署が閉鎖されることになり、いわゆるリストラにあってしまう。身の振り方を考えていた折、その部署を買収した海外企業での就職が決まり、同じ職場に勤めていたご主人（日本人）とともに英国（スコットランド）行きとなった。

当初は2年だった出向勤務を終え、新たに会社から5年のワークパーミットを得て、家も購入。本格的に英国暮らしをすることに。英国人だけでなく、アメリカ、ヨーロッパからの同僚もいるインターナショナルな職場で働くため、渡英前、渡英後もみっちり英語のトレーニングを受けた。

海外勤務というだけでなく、英語での専門職、日本と違う勤務形態など、生活はなかなか大変そうだが、それにもだいぶ慣れてきたそうだ。

それはリストラから始まった

スタートは、日本企業の薬品部門

靖子さんは、学生時代は薬学部に在籍。大学院を出て、就職活動し、某社の新薬研究部門に配属となった。就職先として研究職を選んだ理由は、

「研究自体がとてもおもしろく飽きないんです。今の仕事でも、新しい化合物を作ることを楽しんでいます」

日本で就職5年ほど経った頃、社内で、関連のある海外の研究所と期限付きの人材交換をしようという話が出た。「行ってみますか?」と聞かれ、「行く行く!」と乗り気だったその矢先、あろうことか職場がなくなるという話が…。

勤め始めて3年目に所属部署が買収され経営者と社名が変わったのだが、その約2年後に研究所そのものが閉鎖されることになったのだ。靖子さんは「身の振り方を考えておくように」という通達を受けた。

「今後どうしますか?」という話になった時、人材交換の話が出ていた海外の研究所は受け入れ可能と

言ってくれたという。選択肢は、海外の研究所に行くか、今の会社に残って畑違いの別の部署に移るか、会社を辞めて再就職先を探すかの3つだった。

買収元企業のオランダと英国にある研究所で、今までしてきた仕事のプレゼンテーションをした結果、靖子さんは英国での研究所勤務を選んだ。が、英国といっても、仕事場はロンドンではなく、北のスコットランドだったのだが。

職場が英国になってしまった

この海外赴任、実はご主人が一緒の職場であったため、渡英も一緒。家族は「行きたいのだったら、行ってらっしゃい」という感じで、反対はなかったのだとか。心残りは、食べ物のことだけ。「たこやきが食べられなくなる…」と言えるくらいだったのだから、腹はすわっていたようだ。

他のことに関しては意外と石橋を叩きすぎて壊すタイプなんだと自己分析する靖子さんだが、「海外に行くことについて、『どうしようかな…』というのはあったけれど、『自分の人生、できることはやってみよう』と思いました。後からしたいと思ってもできないこともありますから、『やっちゃえ！』と」

靖子さんの場合、最初は出向という形での渡英となった。2002年1月に現地に行き、その後、2

004年1月に現地研究所の正社員に。ワークパーミットの関係で、まずは出向で2年働き、現地の会社に残るのなら会社が延長願いを出すということになったそうだ。その後、ホームオフィスに書類を提出し、延長が認められて5年のワークパーミットが出たのだとか。

靖子さん自身は、2年の出向のあと現地の会社が気に入ってくれて滞在が延ばせればいいな、ぐらいに考えていたそうだ。

現地での仕事ぶりは?

「現在の仕事の内容を簡単に言うと、臨床試験、治験…というものの前段階、薬剤関係の研究です。親会社は日本で勤めていた会社と一緒で、オランダの企業です。私は、製薬会社の研究開発部門に所属しています」

職場である研究室は、高校の理科室が高級になったようなところなのだそう。病院で使う薬の研究開発をしている。研究職だけに詳しいことは教えてもらえないのだが、現在、彼女が研究開発しているのは、精神科の薬。鬱病や自律神経失調症といった病気の飲み薬の研究だそうだが、研究内容やテーマもその都度変わっていくのだとか。

「新しい薬が見つからないのであきらめる場合もありますし、会社の経営判断で中断する場合もあります。製薬会社は日本にもありますが、どの会社もおたがいさぐり合いをしています。相手の会社より研究内容が遅れていたら、手を引くのも判断です。早く研究を終わらせないと、無駄なコストがかかるだけで製品化できないことがありますから。他社に先に特許を取られたら、それこそ終わりです」

と、この業界もなかなか厳しい競争があるようだ。また、

「研究テーマはさっと切り替えないと、どうしようもないですね（笑）。でも、テーマが変わっても、やることはあまり変わりません。料理で言ったら、味噌汁ばかり作っていた人が、田楽を作るとかそういう感じです。改めて勉強し直さなければならない必要はありますが」

と、自分の仕事、研究を料理に例えるところなど、彼女のユーモアのセンスが感じられる。研究開発という特殊な分野の仕事を海外で、というところに尊敬の念を抱いてしまう。研究の場が英国になり、上司、同僚が外国人。交わす言葉も英語という中での仕事は、容易ではないはずだからだ。

英国の職場で通用する英語

日本でのビジネス英会話レッスン

英国に行くことになり、日常会話、そして職場での英会話はどうだったのか。日本にいた時から英語を使う仕事だったのだろうか。

「論文などは英語で書き、読むこともしていましたが、しゃべるほうは全然ダメでした」

という靖子さん。しかし、勤め始めてから3年ほど経ち会社が買収され外資系になったとたん、社内に英会話教室ができたり、TOEICの目標を立てたりという状況になったのだとか。英会話レッスンは、週1回で1時間半。受けるのは希望者だけだったが、彼女はそのレッスンを1クール15回。数クール続け、トータルで約1年半ほど受けていたという。

その後、TOEICの試験を受けるように会社から言われたという。「通信教育も受けるなら会社が補助します」と言ってくれたそうだ。また、TOEICの得点によって海外出張に出す出さない、というような基準を設けたりすることもあったそうだ。前出の海外の研究所との人材交換に行くのには、出張の得点より上でないと行けないというボーダーラインがあったようだが、靖子さんの弁では本人は目標点までいっていなかったという。

「TOEICはリスニング半分、リーディング半分。リーディングは結局センター試験の文法問題みたいなのが多いので、そういうのが得意な人だと結構点が稼げちゃう。TOEICの得点が低いと、会社内の英会話レッスンに行く前に『もっと勉強してこい』と言われたらしいです。私の場合それはなかったんですけれども。4人くらいに絞り込まれて、海外への出向が決まりそうだという段階にくると、さらに毎日1時間のレッスンが15回くらいありました。ビジネス英語で、講師はカナダ人でした」

こう語るが、仕事があって、さらに英会話レッスンが何ヶ月も続くのだから、相当なモチベーションがなければ続かないはず。それも、旅行や日常会話ではなく、ビジネス英語なのだからなおさらだ。もともと優秀な人材ではあると思うが、研究と英語学習を同時進行させるというところは、努力あってのたまものだろう。当初、日本での英語レッスンが、その後の海外での再就職に結びつくとは考えていなかったそうだが、結果的には役立つこととなった。

靖子さんは大学時代の留学経験はない。それでも外国には行ってみたかったので、海外での仕事に躊躇はなかったという。スコットランドには高校時代に遊びに行ったことがあり、「また行きたい！」というミーハーな気持ちはあった、と笑う。

現地に着いたらやっぱり違う…

英国勤務になってから、やはり言葉の壁に突き当たったそうだ。学校で習っているような英語と全然違ったこともあって戸惑った。さらに、勤務先となったスコットランド英語は、同じ英語圏のアメリカ人でもわかりづらいとされるほどのため、現地に行く前にもカナダ人の先生に「スコットランドの言葉は私でもわからない」と言われ、「先生にわからないものが私たちにわかるか〜!」と思ったという。

「普通にしゃべる時は、みんな気を使って割ときれいなしゃべり方をするんですよ。だけどお茶の時間とか、ミーティングで熱くなってしゃべり出すともうサッパリ。何を言ってるの?っていう感じです。スコットランドの研究所に勤めて3年になりますが、まだ英語に完全に慣れるまでには至っていないと思います。言っていることはこの程度のことなんだろう、とはわかるけれども、100%正確にわかるかというと、それはまだまだです。

特に職場のミーティングで意見の応酬になると、頼むからひとりずつしゃべってくれって思うような状況になります。3人いっぺんにしゃべりだされると、どれを聞いたらいいか話についていけなくなり、思わず『私の耳は2個しかないんだよ!』って言いたくなります。それでもその環境に何ヶ月かいるうちに、耳は多少慣れてきました。スコットランド特有の単語とかが出てくると、その都度わからない単語は『どういう意味?』と聞くようにしています。スコットランド人の同僚も『わかったか?』と確認してくれるようになりました」

このような状態で、日本と同じようにスムーズに仕事ができるようになるには、どのくらい時間がかかったのだろうか。

「作業自体は日本とそれほど変わらないので、あまり時間はかかりませんでした。自分たちのチームがテーマを決めて、こういうものを作りましょうということになったら、各自やることが割り振られて、作業に入ります。人と相談することもありますが、作業中はそんなにしゃべることはないんですよ。それこそ料理のように、あれを切り、これを切り、混ぜておいて、茹でておいて、こっちはこの作業、あっちはこの作業、みたいに別の仕事をしているので。日本だとその作業を週報や月報にまとめたりしますが、こちらではそこまではやらないです。特許を取る時などにはまとめて書いたりしますが」

英語習得にいちばん役立ったこと

英語漬けの日々がスタートした靖子さん。英語習得にいちばん役に立ったレッスンとはなんだったのだろう。日本では、社内のレッスンを受けた以外は、英会話学校に通ったことはなかったそうだ。現地ではどうだったのだろうか。他の会社はわからないが、彼女の雇用先は、英語のアフターケアに便宜をはかってくれたようだ。会社の近くにあるグラスゴー大学の〝英語を母国語としない人たちのための英会話教室〟をやっている先生を自宅に呼んでくれて、週1回2時間のレッスンを受けることができた。その先生も留学生の面倒をみたりしていたので、どういうところでつっかかるかというのをよくわかってくれていた。留学生とは違い、会社だったらこういうことが必要だという、ビジネス英語的なものを教えてくれたという。これがずいぶん助けになったようだ。

レッスンで一番多かったのは、スコティッシュ・イングリッシュでしゃべっているテープなどの聞き取り。「今何を言っているか？」「さっぱりわかりませーん」などと言いながらのレッスンを約2年間続けた。つまり出向期間中はずっとだったということ。会社の方としても、それだけスコットランドの言葉はわかりにくいというのが頭にあり、理解してくれていたということだ。

スコティッシュ・イングリッシュに慣れたのは、その2年間のレッスンが終わった頃。それでもしゃべるのは、「あそこまで独特なのは無理…」と靖子さんは言う。

「スコットランドの中でも、勤務地に近いグラスゴーの訛りは特にすごいかな。それでも、研究所勤務のスコットランド人の英語は割とキレイで聞き取りやすいほうで、地元のガス工事や電気工事の人の英語は訛りが強烈。お店の人の英語も、その人のクセを理解するまでは結構時間がかかりましたね」

日本にいた時の会社の英会話レッスン、渡英前の集中レッスン、渡英してからの個人レッスンは、それぞれ内容が違っていた。日本での最初の集団レッスンは、ビジネス英語の基本形のようなもので、電話の受け方や会議の運び方などについてだった。集中レッスンでは、「プレゼンテーションなどでこう突っ込まれたら、こう切り返せ」というような、より実践に即した内容も学んだとのこと。

「日本って、会議の前に『今日こういうことを話します』って伝えて、予定調和ではい終わりっていうパターンが多いですが、スコットランドでの会議はそういう感じではないんです。『オマエなに寝ぼけたこといっとんじゃ！』って論争はしょっちゅうだし。人が説明していようが、喋っていようが、『俺の意見が正しいんだ』って思う人は、ワーワー大きい声でしゃべりだしちゃって。人の言うことを聞いてからしゃべるっていうことが少ない。もちろん、ちゃんと聞いてからしゃべる人もいるんですけどね」

こういう激しい議論も、仕事に慣れ、暮らしや日常会話で揉まれながら対応できるようになっていったのだ。

スコットランドの職場とはいえ、ほかの地域からも職員はきている。イングランド人、ウェールズ人、アメリカ人、アイルランド人、ドイツ人、南アフリカ人…。ドイツ人の英語はドイツ語訛りで、靖子さんの英語はジャパニーズ・イングリッシュだといまだに言われるとか。「発音がおかしい、はい、もう一回練習！」と言われることも。靖子さんたちが研究所に来て以降、新しい日本人の研究者は入ってきていないそうで、彼女が受けたようなレッスンを今後受けることになる日本人が出てくるかどうかはわからない。

英国では週末に各地でアンティークフェアが開かれる。靖子さんも時々のぞくのだそう

英語に慣れるための近道は？

日本人女性が、英国の企業で働きたいと思った場合、どんな方法が英語に慣れるための近道なのだろ

う。何から手を付けたらいいのだろう。その問いに靖子さんは、ノウハウではなく、こう答えてくれた。

「語学っていうのは、身につけるセンスにも左右されると思います。ものすごくセンスのいい人って理系だろうが文系だろうが、何でもスポンジが水を吸うように自然に吸収できると思うんですよ。私みたいに『わからない』って悩まずに」

と語る靖子さんだが、彼女が現在の職場で同僚と堂々と渡り合い、研究を着々とこなしていけるのは、むしろそのセンスを持ちつつ、わからないことはどんどん質問する積極さと、努力を重ねてきた結果にほかならないのではないだろうか。

COLUMN

英国で家を買う／靖子さんの場合

渡英当初は日本からの出向扱いで社宅暮らしだったが、その後現地の正社員となったため、社宅から出て借家を探すか家を買うかということになった靖子さん。借家の物件が会社近辺にあまりない上に家賃が結構高いので、家を買うことに。日本に比べると売家の値段が比較的安いことも、家を買う動機のひとつになったのだそう。

会社によって異なるとは思うが、靖子さんの会社では新規採用者の住居確保に対して人事・総務部門が一定のサポートをしてくれた。たとえば、住宅購入に関する諸手続きを代行をする弁護士（ソリシター）や、ローン等の手続き代行会社の紹介、引っ越し費用の補助など。靖子さんはまずローン関係の代行業者と話をして、どんなローンが有利でいくら位借りることができるかを確かめた上で、実際の物件探しを始めた。

「物件は、地元に何軒かある不動産屋を回って探しました。不動産屋の店頭にはたくさんの売家が写真付きで紹介されているほか、定期的に発行されている売家情報誌やインターネットでも探すことができます。興味のある物件が見つかったら不動産屋から現在の持ち主に連絡を取ってもらい、実際に物件を見ることになります。我が家の場合、全部で５軒くらい見学しましたが、とてもいい経験になりました。というのは、こんな機会がなければ絶対知り合うことがないであろう人たちと、家の説明だけにとどまらずいろいろなお話ができ、また各家庭のさまざまなタイプの生活様式を知ることができたからです」

英国で中古の家を買う場合の日本との最大の相違点は、家の値段が決まっていないということだという。一部の物件には価格が決まっているものもあるが、情報誌などでもほとんどの場合、売り主希望の最低価格が示されているだけで、購入希望者がプラスアルファの価格を伝えて売り主がOKすれば売買成立という、入札のようなシステムになっている。たいていの場合、一番高い値段をつけた人が購入することになるらしいが、売り手が売り急いでいる場合には早い者勝ちのようなこともあるそうだ。

「5軒見せてもらい、特に気に入った1軒に購入希望価格を出し、無事この家を手に入れることができました。その後ローンの契約、鍵の受け取り、引っ越しと比較的順調に進みました。本当に大変だったのは、それからでした。ガスや電話（インターネット）の申し込みをしたのに、登録の名前が日本人のためか、なかなか正式な名前で記載されなかったり、日本の業者のような迅速丁寧なサービスが行われないため、台所や風呂場のリフォームに手間取ったり、家具の配達が指定日にこないなど、やっと手に入れた我が家が居心地良く住めるようになるまで、予想外に時間がかかりました」

＊ソリシター（solicitor）　英国の事務弁護士。日本の弁護士とは職務内容が若干異なる。英国にはバリスター（barrister）と称する法廷弁護士とソリシターが存在する。バリスターが高等法院以上の裁判所における弁論権を独占しているのに対し、ソリシターは一般法律事務と破産裁判所・県裁判所その他下級裁判所で弁論をすることができる。そのため日本における弁護士と司法書士との関係とも異なる。

英国からアジア音楽を発信

岸　由紀子 さん

**オンラインＣＤショップ経営＆
音楽コーディネイター**

ロンドン在住／英国生活4年／30代

【由紀子さんの会社ファーサイドミュージックのHP】
http://www.farsidemusic.com/

日本の音楽業界で働いていた由紀子さんは、東京で同じく音楽関係の仕事をしていた英国人男性と知り合う。

英語のブラッシュアップとリフレッシュのために、仕事をいったんやめて海外に出ようと思っていた頃、その英国人男性、ポールさんも英国に帰ることに。彼女は英国で語学学校に約1年半通ったのち、ポールさんと結婚。そのまま彼の仕事を手伝うことになり、現在に至る。

彼の仕事は、ヨーロッパにアジアの音楽を発信するウェブ・ショップや、主に日本人アーティスト（大ヒット曲『島歌』で知られるＴＨＥ ＢＯＯＭの宮沢和史さんなど）のヨーロッパ公演のコーディネイトなどを請け負う会社の経営。

由紀子さんに、語学学校での生活、現在の仕事や彼女からみた英国カルチャーなどについて聞いてみた。

生活環境を変えてみたかった

2年程度で帰国のつもりが…

音楽雑誌の編集部で仕事をしていた由紀子さんは、生活環境を変え、リフレッシュしたいと思っていた。なおかつ英語のブラッシュアップもしたいということで、英国に。以前アメリカに短期留学の経験もあるが、アメリカにはあまり興味が持てず、英国を選んだのだという。

また当時、英国人のボーイフレンド、ポールさんも長年住んだ日本から英国に帰るという話があり、彼の帰国と同時期になったが、初めは彼の住むロンドンではなく、バースの語学学校に入学した。結婚のために渡英したかと思いきや…

「初めに来たきっかけは、結婚ではなかったんです。結婚のケの字も話したことがなく、結婚は後からついてきた話です。英国に来た時も『滞在は2年くらいで、いずれ日本に帰るだろう』と思っていました」

3ヶ月半バースの語学学校で学んだ後、ポールさんのいるロンドンに移る。

「バースではインターナショナルハウス、ロンドンではハムステッドガーデンサバーブにあるイングリッシュセンターというところに通いました。普通の公立学校で、検定試験の合格率は高かったですよ。アジア人はけっこういましたね。中国人が多く、あとは土地柄、イスラエル出身の生徒も多かったですね」

英国の語学学校に通った後では、やはり日本にいた時より語学が上達した。

「ロンドンの学校はカレッジが併設してあって、私は英語しかやらなかったのですが、他の言葉や科目も勉強できる感じでした。英語検定、外国人向けの検定、ＴＯＥＩＣ、大学の入試に使う語学検定もその学校で受けられました。

英語のスキルアップとしては、他にテレビニュースやドラマを見る、ラジオを聞く、新聞や雑誌を読むことなどが役立っています。私の場合、英語で文学を読んでもどうもしっくりとこないので、本はほとんど読んでいません。あとは、とにかくいろんな人と接することです。バイオリンは英国人と一緒にグループでレッスンを受けていますが、これもいい刺激です」

パートナーと共にヨーロッパへアジア音楽を紹介

ロンドンの語学学校在学中に、パートナーであるポールさんの仕事を手伝い始めた。学校で学びながら、仕事上も英語を使い言葉に慣れていく。

「私は生活に慣れるのに1年くらいかかったのですが、その頃からニュースとかラジオも苦もなく聞けるようになりましたね。わからないことはまだいっぱいありますが、仕事をしながら無意識に聞いていたら、ある日、自分で情報をピックアップできるようになっていました。また、言葉って、しゃべらなきゃいけないっていう状況や必要性がないと身につかないと思います」

仕事をすることで英語に対する感じ方も変わったという。

「やっぱり違いますね。英語が違うというよりは、話す相手が違うから違いを感じるんじゃないですかね。学生として生活している時の相手はどうしても限定されてしまい、同じ外国人の学生や先生だったり。だけど仕事をすると、いわゆる普通の世界になるじゃないですか。話す相手が皆ネイティブになる」

学校英語とは異なる世界も体験する。仕事を通じ、学校にいる時よりも英語力が上がった感じはあったという。

ポールさんはロンドンにオフィスを構え、アジア音楽の紹介、CDの販売、また日本人アーティストのヨーロッパ公演のコーディネイトなどをしているが、実質由紀子さんがポールさんのサポートを一手に引き受けているという感じだ。

「翻訳もやります。日本語から英語に単純に翻訳するぶんには問題ないけれど、ネイティブにわかりやすくしようとするとやっぱり完璧にはできない。その場合、初めに私が日本語を英語にして、その後主人がそれを直して、とふたりでやることが多いですね。反対の場合もふたりの共同作業でやっています」

と、なかなか難しい。

公演のコーディネイトの仕事は、英語を使う以外に雑用も多い。

「日本人アーティストのヨーロッパ公演のコーディネイトでは、宮沢和史さんや沖縄音楽の平松隆さん、シカラムータ（日本の音楽とブラス系の音楽をミックスしたような音楽をやるグループ）などを担当しました。ツアーサポートとして私が現地に同行する場合と、同行しない場合があります。同行する時はいわゆる通訳です。現地スタッフとアーティストの間に立って、通じない部分をサポートしたり。あとは雑用。荷物を運んだり、楽器が多いので人手は必要なんです。他には楽屋の面倒をみたり、アーティストのツアー中のお世話をしたりしています」

由紀子さんの仕事ぶりは、昨年の宮沢和史さんのヨーロッパツアーについてレポートされたブログでも紹介されていたが、そこからはご主人と共にかいがいしく宮沢さんたちのバックアップをしている様子が伝わってきていた。

仕事でつらいのは…

由紀子さんは、かつてワールドミュージック系の雑誌編集部にいたことがあり、宮沢和史さんはその雑誌に原稿を執筆していたことがあったとか。またご主人がそもそも沖縄音楽に詳しく、日本に住んでいた頃は宮沢和史さんとラジオ番組を持っていたり、ボーカルをつとめるＴＨＥ ＢＯＯＭの海外公演のサポートをしたりと縁が深い。ちなみに沖縄音楽に興味を持ったことが、ご主人の現在の仕事の始まりでもあるそうだ。

海外公演では、由紀子さんたちが会場や現地プロモーターと交渉する。これがなかなか神経を使うようなのだ。

「仕事は根気よく…。こちらの仕事相手は、無視とかじゃなくて依頼したことを本当に忘れているということがよくあって、とても無精な人が多いので、そういう意味でコーディネートが大変。日本とヨーロッパの間に立つコーディネートは、細かいことを決めなければいけないので返事がこないとつらいです。音楽業界にかかわらず、全般的に言えることですが」

日本での仕事で得た音楽知識は役に立っているという。それ以前はロックなどを聴いて育った由紀子さんだが、仕事を始めてからワールドミュージックにどっぷり漬かることになった。ワールドミュージック・ブームの世代ではないので生での体験はなかったというが、それでも知識は十分持っていた。問題は別のところにあった。

「人間関係が難しかったりもします。ワールドミュージック関係の人は年齢層が高く、私の場合、自分より10も20も年上の人を相手にしているので、どうしても気を遣います。同世代とコミュニケーションするのとは、いろんな意味で違ってきますね」

ワールドミュージックのファンも年齢層が高いのだろうか。

「必ずしも上というわけではないのですが、おそらく学生からストレートでワールドミュージックのファンになるという風にはいかないと思うんですよね。いろいろなジャンルの音楽を経て到達する、という感じで。ロックやポップ音楽にいるような有名なセレブもいないですし、そういう派手な世界とは無縁なんです。それにバックグラウンドに少なからず、自分のスペシャリティとか知識がないとこのジャンルを聴かないですね」

いずれにせよ、音楽ファン歴の長い人が好むタイプの音楽だということだ。

暮らしのなかの楽しみ

ロンドンのいいところ、楽しいところ

「昼間からお酒をガブガブ飲む、とか（笑）。ロンドンに限って言えば、都会と緑の空間のバランスがとてもいいので、街中で大変な思いをしていても、ちょっと雑踏を抜ければ休める空間がある。そういう面

は本当にいいです。東京に比べたら人口が少ないし、過密度も薄いですね」

文化施設の充実ぶりに恩恵を感じることも。

「とにかく、見るものはいっぱいあります。日本の比ではないです。アートに接する場はすごく多い。小さなギャラリーでの展示とか、しょっちゅうやっていますね。アートギャラリーは、ジャンルもあまり限られず、国とか文化にとらわれずいろいろなことに使われていて、値段も安いので敷居が低く見やすい。そして、国立のミュージアムはまず無料で入場できます。国が芸術をサポートしている部分が多いので、そういうところは無料で見られる。こういった部分はいいですね」

由紀子さんの家の近所風景。都会なのに身近に緑が多いのが、ロンドンのいいところ

趣味も音楽だという由紀子さん。ロンドンにきてバイオリンを始めたとのこと。

「社会人のための、仕事の後に学べるアダルト・カレッジに通い始めました。日本でいうカルチャースクールとは質がちょっと違います。そしてカレッジなので、授業料がすごく安い。週1回2時間で、3ケ月50ポンド、1年だと200ポンドです。レベル分けも細かくされています。さらに、弦楽器だったらカルテットやオーケストラという具合いに分かれています。生徒はみんな社会人で、年齢は幅広いですね。私よりちょっと若い20代半ばくらいの人から、上は60代まで。英国籍の人が多いですが、人種は白人の英国人だったりインド系だったり、アジア系だったり」

悩みと不安

ロンドンは外国人だらけの街。思いのほか英国人と知り合う機会が少ない。加えて同世代の友人ができにくい、というのが由紀子さんの悩みだ。

「友達を作るのが難しいですね。自分に限って言えば、同じくらいの年齢の英国人に会う場所がない。仕事で出会う人はどうしても年齢が高いんですよね。自宅がオフィスだから、自宅から出ないということもありますし」

都会暮らしは、便利な面もあれば、不安なこともある。ロンドンもしかり。

一見普通の街も、夜のひとり歩きはやはり怖い

「私は運が良くて、スリとか実際にそういう危険に遭ったことはないのですが、街中でも東京とは危険度が全然違います。普通に歩いていて、空気が殺気立っているというのはありますよ。だから、特殊なコミュニティに行く時は夜はひとりで行かない、行くなら友達とか、最低限のことは心がけています。こっちでは携帯まで取られてしまうので、夜遅い外出は気をつけた方がいいですね。

他にも、物を置いたままにしないとか、チャックのついていない鞄は持たず、小脇に抱えて押さえて

おくとか、ロンドンで生活している人はいろいろ気をつけていますよ。ヨーロッパの街中はそれなりにオシャレしたほうが楽しいかもしれないけど、高価な物をあまり身につけない方がいいと思います。

その他にも、実際に生活すれば日常生活で不便・不条理だと思うことは、それはもうたくさんあります。ただ、私自身は英国に対して特に理想のようなものは抱いていなかったので、ギャップとしてショックに感じることはそれほどないですね」

そんな由紀子さんに、英国生活を希望している日本女性へのアドバイスを聞いてみた。

「これから渡英される人は、まずは日本で紹介されている英国の全てが必ずしも真実の姿ではない、ということをふまえていた方がいいと思います。過剰な期待や理想を抱いていると、あとで感じるギャップは大きいと思います。日本の生活で大変なことやつらいことがあるように、英国の日常にも同じことはもちろんあります。特に外国人ならなおさらです」

COLUMN

ナショナルトラスト

英国に滞在していたら、いちどはナショナルトラスト（NATIONAL TRUST）に関係する場所を訪れるはず。

ナショナルトラストというのは、簡単に言うと、英国各地の自然の景観や歴史的建造物などを保護する活動をしている団体。その中には、ピーター・ラビットの里と呼ばれる湖水地方の村や、有名なイングリッシュガーデン、古城などがある。ロンドン近郊でも、作家・デザイナーとして知られるウィリアム・モリスやあのウィンストン・チャーチル元首相ゆかりの家や、豪華なインテリアの邸宅などがナショナルトラストによって保護され、一般公開されている。英国には美観を損ねずに残しておきたい土地や、著名人の邸宅などがあるが、持ち主が高額な相続税などのために手放してしまうと、土地開発のために姿を変えたり、建物は解体されたりしてしまう。しかしここに譲渡することで、昔のままの姿をとどめることができ、修復しそれを一般公開することができるのだ。

保護された施設を訪れれば、インテリアや収蔵物を見たりその歴史に触れたりできる。また、広い屋敷の手入れされた庭でくつろいだりすることも。英国在住の人にとっては、社会科見学にもなり、ピクニック気分でも楽しめる。もちろん海外からの観光客にも人気だ。

この団体の運営は、英国に300万人以上いると言われる会員の会費や寄付、一般客の入場料、オリジナルグッズの販売などでまかなわれている。また、保護している施設のスタッフ業務や修復などもボランティアの手を借りて行われている。

ナショナルトラストのほかにも、同様に歴史があり保存価値のある、大邸宅や城、ストーンヘンジなどを保護し、一般公開しているイングリッシュ・ヘリテージ（ENGLISH HERITAGE）という団体もある。

【ナショナルトラストHP】
http://www.nationaltrust.org.uk/

【イングリッシュ・ヘリテージHP】
http://www.english-heritage.org.uk/

優雅な海外暮らしを夢見たけれど…

中里知津子 さん
日系IT企業社員

ロンドン郊外在住／英国生活12年／30代

大学卒業後、旅行で訪れたシンガポール。

友人のお兄さんはそこに暮らすビジネスマン。ゴージャスなコンドミニアムに住み、お手伝いさんを雇う、優雅な暮らし…。

「そんな暮らしを私もしたい」と夢見た知津子さんは、海外生活をしようと心に決めた。だが、実際は優雅でゴージャスな暮らしへの道のりはなかなか遠かったようだ。とはいえ目標の海外生活は達成している。

大学卒業後は日本で就職をしたものの、「目標は英語圏で」と地域を定めて、結果的に落ち着いたのは英国。

仕事も決まり、順調に滑り出した英国暮らしだったが、意外にスムーズにいかなかったのが、恋愛と結婚。自分の望むミスター・ライト（ぴったりの人）とはうまくいかず、新しい出会いというのも想像以上に難しかったというのだ。その彼女は今、1児の母。彼女に何があったのか。

英国での就職を実現させるために

駐在員の妻か、自力での現地就職か

”海外暮らし“ということを考える時、女性がひとつのチョイスとして思い浮かべるのが、駐在員妻の座。けれど、知津子さんは駐在しそうなパートナー候補の男性を探すより、自分で行く方が早いと考え、それが英語を勉強しようと思ったきっかけとなった。

「(渡英を考えた当時は) 海外+仕事といえば、フライトアテンダントぐらいしか思い浮かばなかったので、エアラインも大学卒業時に受けましたが全敗してしまいました。そのため卒業後日本で就職し、3年間SEをしていました。この経験から、まず英語を勉強しようと思ったんです。英語圏ならばどこの国でもよかったんですが、ビザの取得に時間がかかるためアメリカを断念しました。当時は英国の方がビザ取得に時間がかからず、留学ならばさらに楽だということで3ヶ月の短期留学の予定でブリストルに来たのが1990年。短期留学の場合、3ヶ月以内なら観光ビザで大丈夫だったので」

英国に来てみたら居心地がよいことを発見して、2年程住む。けれども学生バイトだけの切り詰めた

生活に疲れて、「次に英国に来る時は仕事で来よう」と一度出国。バイトは、友人の紹介で日本人補習授業校の教師をしていたという。担当は国語と数学。また、企業の日本語教室の講師の経験もある。

英国留学、シンガポール、カナダ経由、再び英国

「ブリストルに滞在していた時は、外国人がビザを取りにくい時期で、英国で就職したくても難しかったため一度日本へ帰国しました。日本で英国での仕事をひとつ見つけたのですが、学生ビザでのバイトから始めなければならず、きちんとしたステイタスで滞在したいと思っていたので断念したんです。とりあえずシンガポールで英語を使った仕事の経験を積み、貯金をすることにしました」

英国から一時帰国した後、シンガポールで日本語教師の職を得る。ところが…

「教授法が気にいらなくて一日で退職してしまいました。それでシンガポールで就職活動をし、日系航空会社の支店長秘書として2年間勤務しました。けれども航空会社のシンガポール路線撤退に伴い、カナダへ。事前に連絡をつけておいた語学学校で、日本語教師の職を得たのですが、カナダのワークパーミット取得までの時間が非常に長いため、その間に、オタワのＩＴ学校に入学しました。

もともと海外に住みたかったので、『何ができれば楽に海外を転々とできるか』と考え、会計士かＩＴエンジニアのうち、短期間で仕事ができるようになるＩＴを選びました。貯金をはたいてＩＴを勉強し直

すことにしたんです。英国でも勉強できたのですが、当時北米の方がIT関係は進んでいたのでカナダに行きました」

シンガポールでの仕事探しは、イエローページを見ながら以前から興味があったエアラインに片っ端から電話したのだという。また、カナダではパートタイムで勉強するつもりだったITをフルタイムで早く終わらせて、ディプロマ（カリキュラムの終了認定）を取得したという。就職に関しては行動あるのみという印象の知津子さん。もちろんトントン拍子に就職できたわけではない。

大学卒業後に少しIT企業に勤務していたというベースがあったが、その経験と貯金を投資しての学習という選択は、その後、生きることになる。カナダ滞在中にその能力を買われて、英国のリクルートエージェント経由での英国での就職が決まり、会社にワークパーミットを取ってもらっての渡英となった。

英国に来た段階では、住むところも決まっておらず、知人宅に滞在し、アパートを探しつつ仕事をするというハードな暮らし。その時の仕事はロンドンにある日系企業のシステムエンジニアだったが、現在は日系IT企業でシステムの開発、メンテナンス、ユーザーサポート業務を担当している。

海外の複数の職場で感じたこと

会社からワークパーミットを申請してもらい就職できたことについて、「運が良かった」と語る知津子さん。海外の複数の職場で働いた経験からこんな風に話してくれた。

「手に職があれば就職はできる。英語がネイティブではないという欠点を充分にカバーできる技術があれば、英語は仕事をしながら上手になるし、自信を持っていいと思う。成功する人は、日本にいても海外にいても、どこでも成功します。今、日本で転職できるか考えてみて問題ないなら英国でも大丈夫でしょう。ワークパーミットに関しては、企業が採用したい人材であれば取ってもらえるはず。ただ一般職的な仕事しか経験がないと、就職活動、ワークパーミットの申請が難しいかもしれないので、どうしても英国でなくてもいいのなら、ビザがもっと簡単におりる国に方向転換してみるのもいいのでは」

と、海外就職希望組にアドバイス。まず、英語を勉強して…と思う人も多いかもしれないが、いわゆるOL経験後の再就職地を海外に求めるのであれば、こういう考え方も大事なのだ。

ただ、英国での就職を望む日本人女性にとって、ワークパーミットや滞在ビザの問題は大きい。

「EUのパスポートを持った人と結婚して、ビザの問題をクリアにすることも可能ですが（英国籍の相手でなくても、EU加盟国の国籍の人なら可能）、現実には、国籍を選んで恋愛するのは難しいし、私はそういうことに頼らずに自分でどうにかしたかったんです」

また、職場で、こんなことも感じているそうだ。

「ITは日本でもあまり男女差がない職種なので、仕事による男女格差はさほど感じないけれど、会社に対する忠誠心のようなものが違うと思います。

また、仕事の納期に対する意識の違いもあります。日本ではもともと残業を見込んだ甘いスケジューリングが一般的だと思うのですが、英国ではそういうスケジューリングはせず、もしそれで終わらない場合は、早めにわかればかなり簡単に納期の変更が可能なのがうれしい。ただ、これは日本人的ですが、私はできるだけ残業をしてでも終わらせようとするのですが、英国人は直前でも納期の変更なんてへっちゃら！ という態度なので、それは少し残念ですね。

それと、私の会社では年休は当然の権利として全て消化するし、5時以降のミーティングはお断り。具合が悪い時はためらわずに病欠を使います。この辺はシンガポールも同じで、両国の良いところ。私も昨年の出産の際には、産休を法律で保障された最長の1年間取得し、その前後に年休を使って、結果的には14ヶ月ほどの産休・育児休暇になりました」

日本では、そんなに長い休みを取ってしまうと仕事復帰が可能かどうか。そもそも、そこまで長い産休&育児休暇が取れる人は限られているのではないだろうか。

ミスター・ライトを探して

日本人の彼との結婚をあきらめて…

渡英を考える独身女性が、結婚のことを考えないといったらそれは嘘になるだろう。

英国での就職は決まったが、30歳を過ぎた頃からやはり知津子さんもパートナー探しが気になり始める。結婚は”（いつかは）するもの“とずっと思っていたけれど、とりあえず、やりたいことが優先だったという彼女。

「英国に今度来る時は仕事で」という夢がかなったのが30歳を過ぎてから。それでも当時、ミスター・ライト（Ｍｒ Ｒｉｇｈｔ ”この人“だ、と思える相手）がいたにもかかわらず、彼女にとって、まだ結婚が現実ではなかったのだそう。その彼は日本人。

「経済的に英国でも自立できるとわかって、その彼と結婚するために日本に戻ることをあきらめたのが33歳。その別れをきっかけに、急にあせりだして、5年後に現在の彼に出会うまでは、恋愛関係に限って言えば”暗黒時代“でした」

希望のパートナー探しに奔走

「パートナーとして選ぶならどうしても日本人がよかったので、日本人が参加している合コン、インターネットのサイト（会社の同僚が立ち上げた在英日本人のコミュニティサイト）、パーティーとあらゆるものに参加して、失恋も、いやな思いもたくさんしました。英国に住みながら日本人がいいというのは無理な条件とはわかっていましたが、5年近くあきらめきれなかったんです」

ちなみにインターネットのサイトで、「日本人同士おしゃべりしてみましょう」というようなものに参加してくる人の半分は在住者でなく、旅行中の日本人が多かったとか。また、そこには既婚者も多く、独身でも年齢のバランスが取れない相当年上、年下の男性がかなりいて、条件に合わないケースがほとんどだったようだ。

日本人の女性に外国人か駐在の日本人を斡旋するという結婚相談所もあるそうで、こちらは知津子さんでなく、友人が入会。会費3000ポンドで、毎月ひとり紹介を目指すというシステムだとか。在英日本人女性の中には、「ワークパーミット（あるいは永住権）はあるけれど、できれば結婚して残りたい」と思いながら、なかなか相手がみつからないという人も多いそうだが、このようなビジネスはそういう状況を多少反映しているのかもしれない。

「ワークパーミットや永住権を持っている日本人女性で、結婚相手は日本人の方がいいと思っている人は多いかもしれません。ビザのために結婚する必要はないですし」

今彼氏がいなくて、長い間探してもいないとなると、日本に帰りたくなることもあるだろう。せっかく苦労してあこがれの英国で永住権を取り、きちんと仕事をして暮らしていても、漠然と日本人のパートナーを求め、帰国したくなるというのもわかる気がする。女性は、いくら仕事が充実していても、やはりそれだけでは寂しく、精神的につらいこともあるのではないだろうか。

現在のパートナーはニュージーランド人

日本人の彼との結婚をあきらめて以来、ミスター・ライトにめぐり合えなかった知津子さんに、転機が訪れる。

２００２年の年末は、パートナー探しで気持ちが真っ暗になっていて、「これだけ探したのに希望に合う相手がいない、どうしよう」という状況になっていたという知津子さん。例年この時期は逃げるように日本に帰っていたのだそうだが…。

「毎年、ぎりぎりまで『なにか出会いがあって、クリスマスを過ごせれば』と思っては、そういうこともなく…。ところがその年だけは、なんとなく日本に帰るのをやめ、その時に『ああ私、日本に帰りたくないんだ』と、それを認めていなかったということにやっと気づいたんです。そうしたら、『パートナーは日本人以外でもいい』と考えられるようになって、38歳で限定解除。すぐに知り合ったのが今の彼です。私の友達がやっている『日本語を話しましょう』という趣旨のインターネットサイトの集まりで」

毎月行われていた日本人もたくさん来るというその会。日本人のパートナーを探している時は候補が現れなかったのに、限定解除後に参加したら、たまたま来ていたニュージーランド人の彼と出会い、お互い外国人ということですぐに意気投合。

「一緒に住みだしてからは、結婚よりも、年齢的に残り時間の少ない妊娠・出産が次の目標！となったので、今は未入籍のままです（39歳で妊娠・出産）。ワークパーミットを持ち4年以上働いたので、この国の永住権を持っているからビザの問題はないし。EUとも関連がない外国人である彼と、この国で結婚するアドバンテージが今のところないんです」

意外にも彼女より在住年数が3年ほど短い7歳年下の彼。ワーキングホリデーで英国に来て、その後仕事がみつかったが、知津子さんに出会う前に会社がつぶれそうになった。もし解雇になったらニュージーランドに帰るつもりだったそうだが、ワークパーミットが4年を超えたため、彼も永住権を得て、英国に住む上でのビザ問題はクリアに。

英国での出産・育児、そして職場復帰

高額の託児所費用

知津子さんは、出産はしたけれども、パートナーとは入籍していない。しかし、会社は産休・有給扱いで、「産休補助」や「育児補助」（P94参照）も出ている。彼女の場合、育児補助金の申請は、会社から国にしてくれているそう。この産休補助や育児補助は永住権、ワークパーミットのあるなしにかかわらず、外国人であろうが、英国で不法でなく就業していればもらえるという。

ただ、英国には日本の公立の保育園にあたる施設がかなり少ない。赤ちゃんを育てながらの仕事復帰を考えると、子どもは私立の託児施設に入れるか、ベビーシッターを頼むしかない。

「1歳半、2歳を過ぎると多少安くなりますが、ロンドンや周辺では託児施設のひと月の費用は週5日のフルタイムで1000ポンドが相場。だからそれに見合うお給料をもらっていないと生活は厳しいです。一部公立の保育園もあるそうですが、低所得者が優先だったり、地域によってはなく、私が現在住んでいる地域では選択肢は私立しかありません」

もちろん、英国の働く母親たちはこれをわかった上で、出産、育児をしている。託児所の費用は日本の3倍以上するように感じるが、インフレのせいで日本と比較すれば給料も上回るから、そのあたりは差し引いて考えたほうがわかりやすい。

ちなみに知津子さんの場合、有給は産休の最初の6週間が給料の90%が出て、あとの20週間は週１０0ポンドだったという。育児に専念しているとあまりお金を使わないというから、このあたりでバランスをとってやりくりするのかもしれない。また、彼女の場合は無理だが、英国でも自分の母親に子どもを見てもらって職場復帰する女性が少なくないそうだ。

あちこちにある広い公園は、子どもから大人までみんなが憩い、なごめる場所。緑も豊か

"敗者復活"が可能な出産育児制度

知津子さんも、もちろん職場復帰の予定で産休を取った。

「今の仕事や職場のシステムは、日英両方のいいとこ取りができるので悪くない。ただ子どもができたこともあり、産休後にパートタイムで復帰できない場合は転職の可能性も探っていました。将来的には人権団体のような機関で働きたいという漠然とした夢もあります」

かつて、日本語教師の経験もあり、ＩＴ関連の仕事をし、航空会社の事務職を経て、スキルアップをして再びＩＴの仕事に戻った知津子さんは、「英国は敗者復活戦のある社会だと思う」と語る。彼女は14ヶ月の産休を取り、現在は週３日勤務の形で職場に復帰した。

「英国には、"Flexible Working"という権利があって、勤務時間短縮などを雇用主にリクエストできます。６歳以下（障害を持つ子どもなら18歳以下）の子どもがいる親なら、誰でも（里親なども含む）申請できるので、多くのワーキングマザーがこの制度を利用しています。目的は、子どもを育てる親が、職場での地位を失わずに、子どもとより多くの時間を過ごすことです。私もこの権利を使って、会社に週３日勤務を申請しました。ＩＴなのでたまに残業もあり、週５日だときついので、時短で月曜日から水曜日のみ。朝は私が託児所へ息子を連れて行って、帰りはパートナーに迎えに行ってもらっています。うれしいことに、英国ではこういった権利がけっこう法律で守られていて、ちょっとのことでは雇用主はリクエストを退けられません。裁判になったら、女性差別だとかで負けてしまう可能性のほうが高いからでしょう」

また、仕事復帰後はストレスにならないようにと上司が簡単な仕事を回してくれたそうだが、仕事への意欲が強い知津子さんらしく…。

「託児所代や送迎で息子に大泣きされるストレス…、お金や労力をかける割には実入りが少ないのですから、私としてはある程度満足できる、元のような仕事がしたいわけです。そこで人事に交渉しました。『産休中は本人のポジションをキープしなければならないこと、産休後は元の仕事あるいは同等以上の仕事を与えなければいけないこと』がきちんと法律で決まっているということをアピールして、やりがいのある仕事を回してもらうようになりました」

そして、知津子さんの現在。育児・仕事の両立中にさらに第二子妊娠！ 今後も奮闘しつつ、人生をエンジョイしていくに違いない。

COLUMN

英国の産休・育児補助制度／知津子さんの場合

【産休補助／Maternity Pay】

産休中であれば会社が窓口となるが、実際はそれを会社は国に申請するので、国から支払われることになる。そして、この法律で最低限決められている支給額が、最初の6週間はもらっていた給与の90％。その後20週間が週100ポンド（2005年4月時点。2006年4月からは108.85ポンドにあがり、2007年4月からは108.85ポンドの期間が33週間に延長される予定）。残りの26週は無給となる。

以上は、普通に会社員として働いていた場合で、パートや低所得者は若干ルールが違うようだ。また、これは法律で決められた最低限なので、会社によっては産休補助の待遇がよりよいところもある。

【育児補助／Child Benefit】

16歳以下の子ども１人につき週17ポンド、2人目以上は１人につき週11.40ポンド支払われる。これは収入に関係なく、国から支給される。それ以外、低所得者や失業者には別に国から手厚い援助があるので、印象としては失業している方がいろいろもらえるという感じになるそうだ。

この「産休補助」や「育児補助」は永住権、ワークパーミットにかかわらず、外国人であろうが、英国で不法でなく就業していれば受けられる権利。

日本のように、会社が扶養手当、育児手当を出すということは英国ではほとんどない（同様に、定期代や社宅を提供するということも英国の会社はしない）。

（2006年4月現在）

留学→結婚＋就職…そして翻訳のプロに

杉本 優 さん

翻訳者

スコットランド在住／英国生活17年／30代

【優さんのHP】
http://www.koiwascotland.plus.com/scot/japanese/scotland.html
【著書・翻訳書】
『ミステリー＆ファンタジーツアー　スコットランド』（新紀元社）
『スコットランド物語』（ナイジェル・トランター著／大修館書店、他）

子どもの頃から英国に興味があり、大学では西洋史を専攻、やがて英国史に興味を持つようになった優さん。大学時代の1ヶ月の語学研修後、さらに語学に磨きをかけ、卒論も書き上げようと決め、英国へ1年間留学。このとき滞在したスコットランドで、現地の男性と知り合いやがて結婚することに。

留学後、一度帰国し、日本の大学院へ進むことを考えていたものの、結婚のため進学は断念して、スコットランドで新生活を始めることになる。そして日系企業への就職という展開を迎え、英国生活は早くも17年を越える。

とにかく勉強に明け暮れたストイックな留学生活を送り、就職先でもスキルアップに努めた結果、英国翻訳通訳協会（ITI／Institute of Translation and Interpreting）の正会員となった。また技術翻訳に留まらず、スコットランド小説の翻訳やオリジナル書籍の出版なども行っている。

留学で大きく変わった未来予想図

子どものころから英国の児童文学に親しんで

優さんがスコットランドに留学したのは大学3年終了後の1年間だったが、その2年前にも語学研修で1ヶ月間ケンブリッジにホームステイしている。なぜ英国だったのか。

「昔から英国が好きだったんです。子どもの時から英国の児童文学をたくさん読んでいたから親近感があって。それと、ちょっとひねくれてるから、みんながアメリカって言ってる時に、『私は英国だ！』みたいなところがありました。

英国史の勉強をしたくて、大学の専攻は西洋史。その時も、卒論に英国史を選ぶ人は多いけれども、たいていの人が（英国の中で）イングランドをやるなら、私は他をと思ってスコットランドを選びました（笑）。アイルランドかウェールズでもよかったんですけど」

卒業後は大学院に進んで、さらにスコットランド史を研究しようと思ったが、当時は英語ができなかったため、大学3年を終えた後1年休学して英語留学兼スコットランド史の勉強をすることに。日本だとスコットランド史の文献がほとんどないので、卒論の準備も現地でとの考えもあってのことだった。

「最初はエディンバラの語学学校を考えていたんですが、スターリング大学（スコットランド中部、エディンバラから鉄道で1時間程度の町にある）で語学研修ができることがわかり、そちらのほうが費用が安いので決めてしまいました。そこは大学付属の語学学校。大学への正規留学とは違いますが」

スターリングでの1年の留学生活を終えて日本に戻ったが、卒業後は大学院には進学せず、再びスコットランドへ。それは、大学で出会ったスコットランド人と結婚することになったためだった。

英語の学習とスキルアップ

スコットランド留学の後で、英語力はかなりアップした。

「TOEFLを留学前と後で受けたら、100点くらい上がっていました。TOEFLはTOEICより満点が低いのですが、その頃は570くらいが満点だったと思います。私は最初に受けた時は450くらいで、留学後に受けたら550くらいでした」

優さんの通った大学付属の語学学校の授業は相当ハードだったようだが、授業のみならず、自習もきっちりやっていたそうだ。

「ケンブリッジの1ヶ月と、スターリングの1年とで、授業内容は基本的には似たような感じ。ただ、

1年留学していた時には、すごく勉強しました。自習もたくさんしました。授業はフルタイムだから1週間に20数時間。授業の後に3時間くらい勉強して、ホームワーク（作文が多かった）もやり、それ以外にも勉強してました。英語の勉強のために新聞を買ってきて、すみからすみまで読んだり。辞書で単語をチェックしながらだから、それだけで2時間以上かかるんです。田舎で遊ぶところもないし、遊ぶ性質でもなかったから、寮にこもって勉強してました。1日10時間以上、英語しか勉強してなかったから、日本の大学でせっかく2年間勉強したロシア語を、その1年できれいさっぱり忘れちゃったくらい（笑）」

ちなみに、日本では地名もあまり知られていないスターリングの学校に集まる生徒とは？

「日本人がいちばん多く、その次がスペイン人。日本人は集団で来ていました。日本の某大学と提携があったみたいです。他の大学からも夏季研修のグループが来ていたり。当時スターリング大学は、日本語学科があった関係もあって、日本の大学との提携に力を入れていたようで、語学研修学生の誘致もその一環だったみたいです。私は単独留学だったけど、『こんな田舎の大学に日本人がいっぱい』と驚きました」

優さんが留学していたスターリングの名所、ウォレス・モニュメント

日本人がたくさんいると、よく聞かれるのは日本人同士で固まってしまい、あまり語学が上達しないのではという話。そういう人は、スコットランドの田舎町でもいたそうだ。

また、スコットランドへの留学では、アクセントの違いなどがあり、最初はスコットランド人同士の話などは全然わからなかったとか。もちろん学校の先生は、英語の先生だけあってそんなにアクセントの強い人はいなかったそうだが。

いきなり海外就職

ストレートではなかった、日系企業への就職

結婚してスコットランドで暮らす予定だったため、留学が終わる前から現地での就職は考えていたという優さん。

「日本への一時帰国の数ヶ月前に、現地のある日系企業（電機メーカー）から『うちでバイトしませんか』という話がきていたんです。私が日本に戻る3ヶ月くらい前に、その会社に技術部ができて、技術部で翻訳者をさがしているという話でした」

その頃は留学生のアルバイトにはビザの制約があり、また日本に戻って大学を卒業しなければならなかった。そのため、その話は受けられなかったが、就職の際には結局それがつてになった。ただ当時は、あくまでも学生バイトの話で、スコットランドに再び戻った時にストレートに同じ日系企業に入るという話ではなかった。

「卒業前に日本から、その会社も含めてスコットランドの日本企業数社に就職の打診をしました。スコティッシュ・エンタープライズ（スコットランド企業局）という、海外企業の誘致を行う公社があって、現地の日本企業についても詳しいので、そこにも連絡しました。『求人のあるところを知りませんか?』と。空振りでしたけど」

ロンドンに比べスコットランドでは日本人を必要とする企業の絶対数が少ないため、就職は難しい。

「結局、コンタクトした企業の中で返事があったのは例の電機メーカーだけだったんです。以前バイトを探していたのとは、別の部門だったんですが。日本に一時帰国していた時に、上司になる人が日本に出張で戻ってきていたので、就職の面接を受けました。結婚するという事情も全部説明してあったので、正社員採用はすんなり決まりました。ただ、スコットランドに戻ってもビザの関係ですぐには就職できないので、仕事のスタートは結婚するまで待ってもらいました」

スコットランドでの就職はさらに難関

日本人にとって英国の地方都市での就職は、かなりハードルが高いようだ。優さんの周囲の日本人女性の場合はどうだったのだろうか。

「英国で働いている日本人は、日本から派遣されている駐在員の他は大部分が英国人と結婚している人だと思います。永住権があって就労に関してビザの制約がない人です。それから、駐在員などで英国ですでに5年以上仕事をして生活をしていると、永住権を申請することができるので、日本企業から転勤などで送られてきている人でそのまま残りたいという人が、日本企業を辞めて現地の会社に採用されるケースはあります。就労できるビザを最初から持っている人以外で英国で就職するのは、よっぽどラッキーでないと無理です。雇用先がワークパーミットを申請してまで採ってくれるというのはほとんどないでしょう」

優さんはスコットランドを紹介するHPを持っているので、就職に関する問い合わせもくるというが。

「『日本からスコットランドに行きたいけれど、仕事を探すにはどうしたらいいんでしょうか？』とか、『結婚してスコットランドに行くが、就職口はありませんか？』というのもありましたね。こっちに知り合いもいないと、どこから手をつけていいかわからなくて面倒なところがあるから、インターネットで検索して、日本語で質問できる私のHPあてに聞いてくるのかもしれませんね。でも、こちらでの就職はやはり大変ですよ。英国人と結婚している人ならビザの制約はないから英国人やヨーロッパから来ている人たちと土俵は同じだけど、『英語はあんまりできないけど』とか、『日本語を活かした仕事をしたい』というのが前提になると、なかなか仕事はないですね。『やったことないんだけど翻訳の仕事はありませんか？』なんて問い合わせもきます。そういう時は『翻訳会社の試験を受けてみてください』と言います。そうすれば、『ダメだ』っていうのがわかりますよね」

若年人口の減少に悩むスコットランドでは、最近政府の先導で海外留学生のスコットランド就職を奨励するプロジェクトが設置されたそうだ。その恩恵で、優さんが留学していた頃と比べれば、日本人留学生の現地就職のチャンスも増えたはずだが、現実には政府の意向に反して、留学生を積極的に採用しようという企業は今も少ないようだ。

就職でのとまどいは英語ではなく…

優さんの仕事を始めてからのとまどいは、意外にも英語に関することではなかった。

「日本で就職をしたことがなかったから、逆に日本からくる電話を受けるのが…。新人研修というようなことをしていないので電話のマナーとか全然わからなくて、ずいぶん失礼な新人入れたって思われたかも。仕事を始めてしばらくしてから、日本人の女性社員が出向で来て、彼女がいろいろ教えてくれましたけれど、そっちの方が苦労しました。日本人を相手にするほうが」

日系とはいえ、現地での仕事はどうだったのだろう。

「それは上司によりましたが、私の上司だった人は日本人で、全然残業してない人がいると、『あ、まだあんまり仕事をやってないな』と思って仕事をドンとくれちゃう人でした。だから私も残業とかもしましたよ。入ってすぐの頃は、日本の普通のＯＬさんみたいに、電話をとったり、コピーとか資料整理とか、事務用品の注文とかもしてました。だから、普通の一般事務プラス翻訳者。日本企業が日本人女性を現地採用するのは、このパターンがいちばん多いんじゃないでしょうか」

就職先は日系企業ということで、日本人は昔は多かったそうだが、今はそれほどでもないとか。優さんが入社した時は、５００人くらいの規模（現地）で、日本人は20〜30人ぐらいいたが、現在は日本人社員数はひと桁だという。

翻訳専任の仕事へ

優さんは会社勤めをしながら、英国翻訳通訳協会（ＩＴＩ／Institute of Translation and Interpreting）の会員資格試験を受けた。

「ＩＴＩ会員資格試験は、翻訳者としての実績がないと受けられない試験。翻訳者になりたい人のための資格じゃなく、すでになっている人の力量を証明する試験で、英国の翻訳業界では重みがある資格です。会員試験を受けるためには、まず3年くらい翻訳者として働いて、一定量の翻訳の仕事をしたという実績を積む必要があります。それと、翻訳を利用する側であるクライアントからの推薦状が必要。私の場合は会社の英国人同僚が書いてくれました。初めはそういう資格があることも知らなかったので、私が申請したのは会社に勤めてからずいぶん後です。勤め始めてすぐの頃は、翻訳者というよりは雑用係で、ほとんど普通のOLというか一般事務職との兼業で。それが嫌だから翻訳者として認められるようにと資格を探していて、英国翻訳通訳協会という組織があることを知り、会員試験を受けたんです」

ただ、資格を取ってから翻訳専任にしてもらったわけではなかったそうだ。

「それより以前に、『翻訳専任にしてもらわなかったらやめるぞ』と脅して(笑)。というか、他の日本企業が翻訳者を探していたから、『じゃあそっちに行こう』と、会社に内緒で試験を受けて面接もして、いちおう内定ももらっていました。でも、日本企業同士の付き合いというのがあるから、その会社の人事担当がうちの上司に連絡をして、『そちらの方がうちに来るって言ってますけど本当にいいんですか?』みたいなことを言ったらしくて、びっくりした上司がそれは困るとあわてて給料を上げてくれて、仕事も翻訳専門になりました。就職してから5~6年後のことだったと思います」

現在の会社に勤めて16年。彼女のように、英国では資格を取って自分のポジションを変えてもらう人もいる。仕事をしながら夜間スクールに出て、MBAを取ってマネージャーになったという人も。ただ駆け引きの問題だから一筋縄ではいかないという話だ。資格を取り、給料もポジションもアップしてもらった優さん。その実力があれば、転職もフリーランスも可能に見えるが。

「本当は、ITI正会員の資格を取ったらフリーランスになろうと思ってたのですが、ちょうどその頃、RSI（反復運動過多損傷）の悪化でタイピングがまともにできなくなって、将来の仕事に不安が出てきたので。手厚い病欠休業手当が出る会社勤めをやめてフリーになるのは、経済的にリスクが大きすぎるとあきらめました」

翻訳・取材・執筆もした『ミステリー＆ファンタジーツアー　スコットランド』

意外と多い専業主婦志望

働く女性から見て、この国で共働きは当然という感覚なのだろうか。それとも、子どもが生まれたりしたら、家庭に入りたいという女の人も意外と多いのだろうか。

「『家庭に入りたいけれども、やっぱりお金がないから仕事に戻らなきゃならない。でも、できるものなら専業主婦になりたいわ』っていう女の人たちはけっこういるようですよ。『子どもができたら、なるべく子どもと一緒に過ごしたい』って人が多い。できればパートで戻りたいけれど、会社の方でそういう融通が利かず、『フルタイムに戻るか辞めてください』って言われて、フルタイムに戻るみたいですけれど」

こういった仕事復帰のシステムは日本より英国の方が進んでいるかと思ったが、ケースバイケースということのようだ。

「たいていの人は、結婚して子どもを持つくらいの年齢になると家のローンがあります。家のローンは2人の収入をベースにして組んでいるから、出産前にフルタイムで働いていた女性が専業主婦やパートになりたいと思っても、経済的になかなか難しいようです」

留学を考えている人に

英語上達に必要なのは、ボキャブラリーと文法

最後に翻訳者の資格を持つ優さんに、英語のスキルアップ法を聞いてみた。

「学校にいるだけ、英国にいるだけでは英語は上達しません。テレビを見るのもいいんだけど、見るだ

けじゃ最初はわからないと思います。私が新聞を読んで勉強したのは、まずボキャブラリーのためです。ボキャブラリーができてないと、いくら聞いてもわからないことは右から左に抜けてしまい、全然わからないまま。知っている単語は聞き取れるけど、知らない言葉は聞き取れないですよね。だから知っている単語を増やすんです。ただ会話するだけじゃ、英語には慣れても本当には上達しないです。

日本で〝英会話〟というと、アメリカ人っぽくすらすらっとしゃべれるようになりたいっていう気持ちが先にあるという印象を受けます。かっこよくネイティブっぽい発音で、とか。でもアメリカ人っぽい発音なんて、アメリカではよくても英国に来たらただの変なアクセントにしか聞こえないんですよね。英語圏でもアクセントは国によって変わりますから、それほど重要じゃないと思うんです。

ネイティブの側から見た英語上手の基準は違う。英国にはヨーロッパの人がたくさん来ますが、そういう人たちが話すのを聞いていてうまい下手を判断するのって、発音や流暢さじゃないんです。たとえばフランス訛りがとても強くても、文法的に主語があって述語があってというのがきちんとできていて、ボキャブラリーも豊富で、知的な言葉を的確に選んで意思を明確に伝えられる人が、『ああ上手だな、頭のいい人だな』っていう印象を残すんです。結局は文法とボキャブラリーになっちゃうのかな。受験英語ってそんなにバカにしなくてもいいんですよ」

英語を学ぶということについて、あらためて考えてみたくなるアドバイスだ。

いつまでも好きな国の旅人

清水晶子 さん

ジャーナリスト

ロンドン在住／英国生活12年／40代

【著書】

『ロンドンの小さな博物館』（集英社新書）

『デザイン・コンシェルジュ　ロンドン』（東京書籍／2006年夏発行予定）

子どもの頃大好きで読んでいた本を大人になってふり返ってみたら、ことごとくイングランドやスコットランドのもので英国好きだった、という晶子さんにとって、英国移住は自然な流れだったようだ。

東京生まれで、情報誌『ぴあ』の編集部勤務ののちフリーになり、雑誌、新聞で英国音楽（主にロック）の記事を中心に執筆活動をしていた。日本で結婚した相手も、偶然にも英国人。子どもが4歳になった頃、英国移住のめどがたち、ロンドンへ。

晶子さんの場合は、英国で就職活動をしたのではなく、もともと日本でやっていたジャーナリスト業を仕事環境をロンドンに移して継続する、という形をとって現在に至っている。彼女にとっては、テーマが英国、また英国での取材も多いため、現在の方が東京にいたときよりも仕事がやりやすいという。ロンドンに自宅を購入、腰を落ち着けて執筆活動を続けている。

子ども時代から英国好き

ロンドンに感じる、とてつもないフィット感

「いろいろ理由を挙げればいくつでも挙げられるのですが、端的に言ってしまえば『日本もいいけど、自分はロンドンにいる方がもっと自然という、とてつもないフィット感を感じてしまった』のでした。具体的には、もともと英国文化全般に関心があったのに加え、街の景観からデザインに至るまで視覚的にも英国が好き。他にも、この国で友達になった人々の合理的、論理的、日本人からするとちょっと情緒に欠けると思えるほどのドライで割り切った考え方が、日本人の論理より情緒に走りがちなところがやや苦手だった自分にぴったりきた部分も大きいですね。それに、やっぱり英国人のエキセントリックさは魅力的な謎で、じっくり研究したい気にさせられます」

と英国が好きな理由を語る晶子さん。実際にはどのように移住を進めたのだろうか。

「短期留学、旅行、出張などでロンドンを訪れているうちにやっぱり気に入り、『住むぞ』という決意がますます強くなりました。日本で出産した子どもがある程度大きく（4歳）なった時に、仕事ごと英国へ

引越せるめどがつき、今がタイミングかなと1994年末に移住しました。たまたま夫が英国人だったのですが、英国移住について積極的だったのは私の方。でも、引越し当初の大変な時期に彼にはずいぶん助けられましたし、ビザの問題がなかったのもラッキーでした」

住まいはロンドン、仕事は日本から

晶子さんの仕事はフリーランス・ジャーナリスト。仕事依頼はほとんど日本からのものだ。移住前も後も、執筆活動をして暮らしている。

「移住当初、日本でやっていた音楽ジャーナリストの仕事を英国へ持ってくる形で継続しました。現在は音楽だけでなくテーマを英国文化全般に広げ、伝統文化からストリート・カルチャーまで、幅広い紹介記事を日本向けに発信しています。インタビューの仕事も。これまで関わった媒体は『別冊宝島』『バウンス』『マリ・クレール』『ブルータス』『アエラ』『アエラ・イン・ロック』『トーン』などです。昔は『ミュージック・ライフ』特派員の肩書きもありましたが、残念ながら雑誌が休刊になってしまいました」

単行本も手がけているが、それはもちろん以前から関心の強かった英国の文化に関するもの。

「執筆テーマが〝英国文化〟なので、日本で原稿を書いていた時よりむしろ英国で仕事をする方がずっとやりやすく、日本での仕事を英国で継続できただけでなく、新たな依頼もいただき大変幸運でした。もともと英国文化に深い関心があり、じっくり腰を落ちつけて研究、執筆したかったので、こちらに来て職を得るという発想はなく、初めからジャーナリストとして仕事をしようと思っていました」

もともと興味のあった不思議の国・英国について書くのを天職のように感じていて、現職に大変満足している晶子さん。英国のことを書くことについては貪欲だ。

「英国、あるいはロンドンについては、いつも書きたいテーマがたくさんありますが、〝調べ物の大変な単行本〟などを手がけると、それだけで1年かかってしまったりしてもどかしく、『身体が3つあって3倍書けるといいのに』とつい欲張りになってしまいます。こういう仕事は出版社あってのものなので、私の企画に耳を傾けてくださる編集者、また思いもかけない執筆テーマでこちらの頭を悩ませてくれる編集者、さまざまな方たちとの関係が長続きするように願っています」

晶子さんのテーマのひとつが形となった著書『ロンドンの小さな博物館』

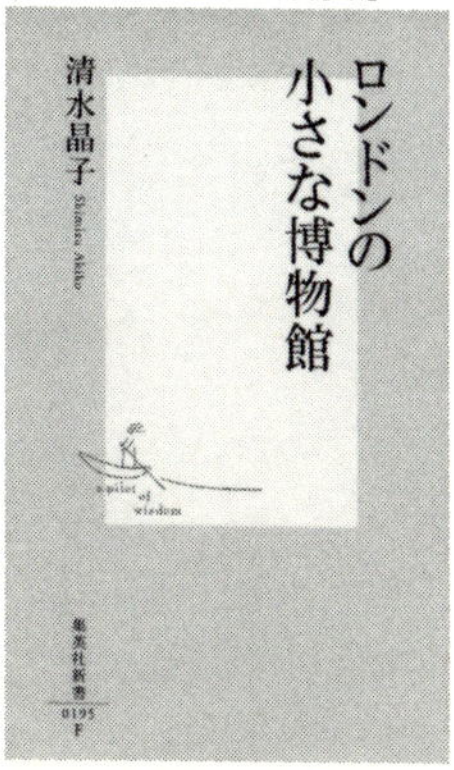

暮らしが楽しみ

住みながら、街を旅する

英国に暮らしながらも、日々楽しみを発見することが多いという晶子さん。

「こちらに来て12年になりますが、なんといってもまだ英国は自分にとって異国なので、"博物館"　"公園"　"カフェ"　"図書館"　"変わったお店"　"宝石の名前のついたストリート"　などと、テーマを決めて散歩に出るのが楽しみです。いつか雑誌で、『パブやマーケットで"赤ら顔のおやじを取材せよ"』との命が下り、これも楽しかった。かなり頻繁に出かけていますが、ロンドン市内ですら、まだ足を踏み入れたことのないストリートがたくさん。全ての道を暗記しているブラック・キャブの運転手みたいに、大通りから横丁まで、きれいなロンドンから汚いロンドンまで全てを探険しつくしてみたい。いつまでも観光気分なので、近所に買物に行くのにもカメラを持って出たり。"住みながら好きな国の旅人でいられる"というのは、私にとって最高の贅沢です」

ジャーナリストにとって、好奇心を維持しつづけるということは大事なこと。興味のつきないことがたくさんある場所に暮らすということは、まさに晶子さんにとって理想的な生活なのではないだろうか。

そんな彼女に、日本よりも英国の方がいいと思うところを挙げてもらうと…。

「はっきり意見を言い合ってもあとくされのない、さっぱりした人間関係。大雑把で細かいことを気にしない国民性。建物も石造りでどっしりしていて、人々も頑固。何もかもが大きくて重い。この重厚長大（軽薄短小の反対）な"どっしり感"のおかげで、精神が安定します。どっしりしている一方で、どんどん新しい物が出てくるのもおもしろいですね。

また若者文化だけでなく、シアター、オペラなど、大人が出かけやすい文化の土壌があります。ロンドンのような多国籍文化の社会にいると、視野が広くなりますね。英国というよりロンドンですが、都会なのに広い公園がたくさんあってこれも贅沢。

でも、日本にも、暖かい人間関係、安全性、清潔さ、繊細な文化、おいしい食べ物などいいところも多いので、そういうところは忘れないようにしたいですね」

ロンドンにはさまざまなタイプのパブがあり楽しい

また、英国に来てから始めた趣味のカリグラフィとバッグ収集も楽しいという。

「カリグラフィはアルファベットのお習字のようなもの。美しい装飾文字が書けるようになりたくてアダルト・カレッジに通っていました。仕事が忙しくなりすぎたのと、机に向かってカリカリ書く作業は仕事でひどくなった肩こりをさらに悪化させるので、現在お休み中です。『仕事と正反対のことをやらねば』と、今はヨガに通って肩こりをほぐしています。カリグラフィは仕事が暇になった時のお楽しみ。

そしてバッグ収集は趣味というより癖（笑）。2、3年前から急にバッグ集めに夢中になりました。変わった形のおもしろいバッグを見ると、それに物を詰めてどこかへ行く場面を想像して、ついつい買ってしまいます。基準は〝変わった形のおもしろいバッグ〟なので、ブランドは無関係。無名のものも、たまたま有名なものもありますが、オーラ・カイリー（世界中で人気のアイルランド人バッグ・デザイナー。日本にもショップがある）だけは特別好き。心理学をやった友達に『バッグに物を詰めてどこかへ行くのにあこがれるのは、ロンドンに腰を落ち着けすぎ。そろそろどこかへ行きたくなっているのでは？』と言われました。それからフランスとギリシャを旅しましたが、バッグ収集癖は一向に直りません」

英国暮らしの三大悪

もちろん、英国暮らしはいいことばかりでなく、マイナス面も少なくないという。

「実は大変なこともまた多し、です。こんなに大変なことを乗り越えて英国が好きなんだから、本当に好きなんだな、と妙な自信を持ってしまいます。いろいろある中で、三大悪は食事、交通機関、病院でしょう。3つとも生活の基盤です。

レストランはかなり良くなったとはいえ、まだマズい。人々は食に無関心。この人たちの味音痴が治るまでには何世代もかかるでしょう。高い、マズい、雰囲気だけというレストランが多いのは許せません。世界で最初に開通した地下鉄は、今や世界一のオンボロ路線。事故や故障で止まってばかりで、ひどい目に遭うこともたびたび。

病院は医者不足で、専門医に診てもらえるまで半年、1年待ちは当り前。最初はこれでも文明国かとあきれましたが、最近は慣れ、自己免疫力を高めてサバイバルしています。

これに、4番目は天候（雨が多く、冬は寒くて暗い）、5番目は学校（荒れ放題）、6番目は犯罪と続きますが、天候は誰のせいでもないし…」

犯罪といえば、晶子さんはスリに遭遇したことがあるそうだ。また、英国人も日本人も周囲の友人たちは、軒並み泥棒に入られているのだとか。

「犯罪は日本より確実に多いので、暮らす予定のある人は常に注意を。"自宅の玄関には最低でも3つ以上の鍵を付け、鍵と住所のわかるものを一緒に持ち歩かない""鍵を盗られたら、即ドアの全ての鍵を取り替える""クレジット・カードと財布は別にする"などの鉄則を守っています。玄関をノックされ、誰が来たのか見ずに開けるのも大変危険。評判の悪いエリアに夜出かけない、ロンドンの公園には自然林みたいなところがあるので、そういうところを一人歩きしない、なども大切です」

英国で感じる充実感

日本にいた時に比べ、仕事の面では今の方が充実感があるという。

「もともと英国の音楽、文学、映画、建築、デザインなど文化一般に興味がありました。過激なのにどこか上品だったり、古典的なのにどこか過激だったりする点がおもしろいですね。日本にいる時からこうした原稿を書いていましたが、遠い国から調べ物をするのは〟靴の上から痒いところを掻く〟みたいなじれったさがあります。やはり現地で本物に触れたり、豊富な資料を調べたり、直接取材することができると、本物の仕事をしている手応えが感じられます。

もうひとつ充実感が感じられるのは、ちょっと変ですが、英国のボロさに触れた時。テクノロジーの発達した日本に比べたら、英国は何でも古いし、ボロいし、不便だし、壊れやすい。でも、こういう中で暮らしていると、最終的に頼れるのは機械でなく自分だけということがわかって、人間たくましくなります。タクシーのドアは自分で開ければいいのだから、英国人は一生タクシーの自動ドアなんて思いつかないでしょう。もちろん、自分で開けられないようなお年寄りなどには、親切な運転手が席を降りてきてちゃんと開けてくれます。お湯も〟瞬間湯沸かし器〟でなく、古臭い〟タンクに貯める方式〟がほとんどなので、お風呂ではたっぷりのお湯を使えませんが、こうなってみるとお湯の大切さが身にしみます。という感じで、人間らしい不便生活も私には充実感のもとになっています」

英国暮らしにあこがれる人に

英国人と話すには

日本での仕事をスライドさせ、好きで興味のつきない英国に暮らす晶子さんから、英国暮らしのアドバイスをいくつかもらった。

まず、英語のスキルアップについては、

「語学学校もいいですが、級友は英国人ではなく外国人ばかり。ここである程度しゃべれるようになったら、アダルト・カレッジで何か習う（絵画、写真、料理、作文など科目はいろいろあり）、スポーツクラブへ通う、ボランティアをするなど、英国人のいる場所に出かけた方が、生の英語に触れる機会が増すのでは。

またこれは渡英前のことになるのでしょうが、学生時代に文法をちゃんとやっておくと、その時は話せなくても、その後会話を習う際に、英語の構造がわかって役に立ちます。"口語英語がわかるだけ"より"本物の英語"を身につけたいものです」

英国・英国人の意外な一面

文化の違い、考え方の違いもユニークだと感じることが多いという英国。日本人の概念とは違うと感じるものに結婚観がある。英国人と結婚したから、英国に暮らすようになったからといって、自分の中で恋愛観や結婚観に特に変化はないという晶子さんだが、こちらに暮らし、日本との違いをいろいろ発見しておもしろかったという。

「日本では子どもができると、夫婦間より親子のつながりの方が強くなってしまう傾向がありますが、英国人は子どもと少し距離をおき、夫婦のつながりを大切にします。いいと思う反面、疲れるなとも思ったり。男性が家庭のこと、子どものことに多くの時間を割き、真剣に、かつ楽しんで取り組む姿勢には、実に感心します。

また、友達や子どもの同級生の家庭に何組か離婚カップルがいますが、離婚後の関係も普通の日本人にはびっくりなことが多いです。いっときはすったもんだするのでしょうが、最終的には新旧の奥さん、または旦那さん同士が友達になり、両家庭の子どもの面倒も見あい、すさまじくドライに割り切った付き合いを続けます」

また、英国はボランティア活動が盛んだと言うが、晶子さん自身は参加したことがあるのだろうか、また、英国人自身はどうとらえていると思うか？

「今は時間がなくてできませんが、将来暇ができたら人のためになることをやりたいという気持ちはあります。若いうちはつい自分のことばかりで手一杯になってしまうので。英国でボランティアといっても、チャリティ・ショップ（P184参照）の店員から、イラクでの命がけの人命救助まで、それはさまざま。どのレベルのボランティアも、英国人は真剣に取り組んでいますね。宗教的なことはよくわかりませんが、キリスト教の精神と関係があるのでしょうか。ただ、お金を支払うタイプのボランティアは階級制度と関係があり、″お金持ちが自分の懐が痛まない程度に施しをして貧乏人を助けてやる〟的発想が裏にあるので、″臭さ〟を感じます」

″お試し期間〟を設けてみては？

「日本での英国のイメージというと、ガーデニングにアフタヌーン・ティーといったところかもしれませんが、現実の英国はそんな優雅な面だけでなく、凶悪犯罪も日本より多いし、ドラッグ問題、人種差別問題がはびこり、テロの脅威もあるかなり危険な社会。それに、階級によって、全く違った文化が平行進行している奇妙な社会でもあります。人々も大変な自己主張の強さがあります。

こんな中でサバイバルするには、周囲に流されずに自分をしっかり保つことと、ある程度の語学力が必須。そして、なぜここに住むのか明確な目的を持つことも。明確な目的がわからないうちは、ちょっと留学してみるとか〝お試し期間〟を設けるのもいいと思います。

また日本と比べ不便な面が多いですが、それをポジティブなものに切り替える発想の転換も大切。たとえば、

・立ち往生ばかりしている列車や地下鉄→いつも本を持っていれば、これは読書量を増やすいい機会

・役所も会社も仕事がとても遅い→イライラせず、自分ものんびりしてしまう。ただし日本向けの仕事をする場合は、両国の仕事のスピードの違いの板挟みになってつらいですが…。

・暗い天気→思い切ってパーティーを開いてパーッと明るく過ごす。食べ物に無関心なイギリス人のこと、アルコールは必要ですが、料理は簡単でもほとんどなくても文句が出ないので、とても気楽です」

フットボールへの熱い想いから英国生活を実現

島田佳代子 さん

ジャーナリスト

ロンドン在住／英国生活7年／20代

【佳代子さんのHP】
http://ameblo.jp/kayorita
【著書】
『I LOVE 英国フットボール』(東邦出版)

今でこそ、日本でも女性フットボール（英国ではサッカーをフットボールと呼ぶ）ファンは多いが、佳代子さんは中学生の頃から英国のマンチェスター・シティというフットボールチームの筋金入りのファンだった。

ひとりのフットボール好きの少女が、現在はフットボールに関する著述を中心とするスポーツ・ジャーナリストに。現在まだ、20代。持ち前の積極性と明るさで人脈を広げ、英国フットボールに関わる執筆活動を仕事にしている。これは、海外で好きな分野のジャーナリズム関係の仕事をしたいと思う日本人の中でも、ある種羨望の存在と言えるのではないだろうか。

特別なコネがあったというわけでもなかった彼女は、いったいどのように現在のポジションを得るに至ったのだろうか。

とにかくマンチェスター・シティが好きだった

きっかけは、プレミアリーグ

佳代子さんは、中学時代から英国のフットボールチーム、マンチェスター・シティのファン。当時、女の子でこのチームのファンというのはかなりめずらしい部類に入ったという。

そもそもファンになったのは、1993年に1年間だけ日本のBS放送で放映していたイングランドのプレミアリーグを見たのがきっかけ。この時マンチェスター・シティが活躍していたということと、1993年4月にマンチェスター・シティが浦和に来た際に試合を見に行ったりしているうちに、すっかりチームのファンになってしまったのだという。そして、その後、マンチェスターに留学することになる。

「フットボールが好きな人だとわかるんですが、マンチェスターには、マンチェスター・ユナイテッドという昔ベッカムがいた有名なチームと、マンチェスター・シティというチームがあって、私は中学の時からずっとマンチェスター・シティが好きだったので、もう留学先はマンチェスターしか考えられなかったんです（笑）」

フットボール熱が高じて、英国留学へ

フットボール熱は高まり、高校卒業後、とにかく英国留学を望んだ佳代子さんだったが、すぐには叶わなかった。両親の大反対にあったからだ。そのため、とりあえずは日本の短大に入学したという。日本での英語学習はどうだったのだろうか。

「日本で通っていたのが、中高一貫のミッションスクールで、つねに外国人の先生がいるし、英語教育とディベートに力を入れていたので、そこで学んだというのが大きかったと思います」

彼女は高校の時、英会話学校にも通ったが、こちらはあまり真面目には行かなかったという。また、その頃、短期の語学留学を経験。

「高校の時にマンチェスターに2週間行きました。それもマンチェスターなんですよ（笑）。通っていた学校が、高校生になると希望者は語学学習のためにアメリカへ行けたんです。でも、私はつねにマンチェスターしか頭になかったので、親に相談したら自分で旅行会社を探してきなさいと言われて（笑）。マンチェスターはなかなか見つからなかったんですけど、やっと探し出したものがアメリカの半額ぐらいだったので、親もいいよと。当時は親にも言えませんでしたが、語学学校にはほとんど通わず、フットボールの練習場に通っていましたね（笑）。

今はチームの練習などは一般に公開されていませんが、当時は公開されていてファンも普通に見に行けたんです。それで、17才の時に初めて見に行き、練習場に通っていて知り合いになったチームの監督とかコーチとかと今も仲良くしていて、クリスマスカードの交換などをする間柄です。『I Love英国フットボール』（東邦出版）という本を出す時にも取材に協力していただきました。10年以上のつきあいです。その時の選手はもうチームにはいないですが、コーチは変わっていないので仲良くしていて、今でも顔パスで練習場に行けます」

この短期留学は、佳代子さんにとってとても楽しい経験だったようだ。その後、高校を卒業し、短大入学後はアルバイトも英語に関わるものを選び、英語力をつけていった。

本人いわく、「授業はほとんど出ずに、バイトばかりしていた」という。

アルバイト先は某国際電話会社。

「お客様の半分が外国人でつねにネイティブと電話で会話する感じでした。国によって英語の表現の仕方も違うし、初めは電話番号すら聞き取れずに辞めたいと思うこともありました。それでも1年半ぐらい続けたらすごくいい経験になって、ヒアリングや、電話で英語を話すことに関しては全くおそれなくなりました」

このアルバイトは後々、非常に役に立つこととなる。

佳代子さんごひいきのマンチェスター・シティのホームグラウンド

「外国人のお客様も英語のネイティブだけじゃないんで、たとえばフィリピンとか中国の人も英語を使ったり。仕事で中国語や韓国語もやらされたりしましたよ。だけど、そのおかげで出身国を聞かなくても、英語を聞けばどこの国の人がしゃべっているかわかります」

短大卒業後、念願かなってマンチェスターへ留学

短大卒業後の9月にマンチェスターに飛び、カレッジに進んだ佳代子さん。1999年のこと。当時はまだ、具体的に何がしたいということが定まらなかったという。それでも、

「何かしら資格を取った方がいいと思い、語学関係ではなく、旅行関係、ツーリズム科に入りました。いろんな科目があるんですけど、なぜ旅行を選んだかというと、とりあえず自分が勉強が嫌いで興味があるのが旅行だったので（笑）」

というあたり、ごく普通の学生さんという感じなのだが、やはり社交性とバイタリティは人並み外れているという印象を受ける。

学生時代は〝フラットシェア〟といって、何人かの学生と家を借り、それぞれの部屋を割り当てて暮らすというスタイルをとった。

「マンチェスターでは日本人の友達がほとんどいなかったんですよ。ハウスメイトは全員アイルランド

や英国出身者。仲良くしていたのがスコットランド人などネイティブが多く、遊びに行く時によく誘ってくれました。

初めは、全員ネイティブで私だけがノンネイティブで、全然話もついていけないし、足をひっぱっているようで悪い気がして、一時期誘われても出かけない時があったんです。でも、ありがたいことにそれでも普通に誘ってくれて。ある時、本気で『英語話せてえらいよね』とほめられて、『私達は英語しか話せないからごめんね』と言われて、こっちが恐縮していたのに恐縮しなくていいんだと思えるようになって、また出かけるようになったんです」

彼女はそこで安心せず、

「話に入っていけなくてもとりあえず聞いておいて、どういう表現を使うかとか、何度も何度も出てくる表現を、わからない時にはカタカナで書き留めておきました。そして後で調べて、『ああこういう風に使うんだ』と覚えたり」

このことで、ボキャブラリーも表現力も広がっていった。

英語に慣れ、しゃべれて理解しているなと自覚したのは渡英して2年ほど経ってからだという。

「留学している人とよく話すのですが、たとえば留学経験のない人たちに『英国に1年行く』と伝えると、『じゃあペラペラになりますね』と言われますが、1年じゃまず無理ですね」

時代を味方に、ジャーナリストの道へ

マンチェスターからロンドンへ

お気に入りのマンチェスターに3年住んで、その後ロンドンに移ったという佳代子さん。その理由は何だったのだろう。

「マンチェスターは大好きで、今も自分のホームタウンと言いふらしているのですが、英国第二、第三の都市といっても、やっぱり東京を知っていると小さいんですよね。それで、飽きることが多くなってしまってロンドンに移りました」

そんな彼女から見て、日本からの20代の留学生や遊学生はどう映るのだろうか。

「あまりえらそうなことは言えないんですけど、せっかく海外で、英国に行ってまで暮らしているわけですから、何か目的を持った方がいいのかなと。きちんとした目的意識がないと、英語なし日本語だけの日本人社会で生活できちゃう国ですので」

時期が前後するが、佳代子さんはマンチェスター留学時代に、現在のジャーナリズムの仕事をするきっかけとなる出会いがあった。

「1999年9月に英国に渡ったんですけど、2001年の夏に一時帰国をした時、それまでに英国でいろいろ人脈ができていて、元イングランド代表の選手と仲良くしていたんです。40代の方なんですけど、1976年に日本に遠征したことがあって、当時”これからのスター選手“として日本の雑誌社からインタビューされたそうなんです。それで私が一時帰国する前に、彼が『1976年に自分をインタビューしたインタビュアーを探してくれ』と言ったんですね。彼は半分冗談だったんですけど、私は真に受けてその雑誌社に電話して編集長とお話ししたら、『すぐわかりますよ。一時帰国する時に遊びにいらっしゃってください』と言われて、本当に会いに行ったんです。そして、話をしているうちに共通の友人がいることがわかったりして、その時に編集長から『翻訳できますか?』と聞かれて。翻訳経験はなかったんですけれども、『フットボール関係なら大丈夫だと思います』と答えたら、その後すぐに仕事の依頼がきたんです」

女性の視点からフットボールについてわかりやすく書かれた本は、めずらしい

翻訳をスタートに、次々に仕事が舞い込んだ佳代子さん。「フットボール関係なら大丈夫」と言える自信は、彼女がそれまでに積み重ねてきたものが支えたのだろう。いい時期にいい場所にいたとも思うが、それも活かさなければ意味はない。そして、翌年が日韓を開催地とするワールドカップの年だっ

たのも彼女に大きくプラスに働いた。英国フットボールに対する愛情と地道に築いてきた独自の人脈が、ジャーナリストとしての強みにもなった。

「2001年の秋にスポーツ誌『Number』でも仕事をいただいて。やはりタイミング的にすごく良くて、2002年のW杯開催で盛り上がっていたので、毎月のように執筆依頼がありました。あとは、やっぱり人脈がすごく大事だと思いました。サッカー関係の英国人の知り合いも何人かできて、その人たちから『ディスカバリーチャンネル』（全世界に放送ネットワークを持つ、ドキュメンタリー番組専門チャンネル）を紹介されました。英国のディスカバリーチャンネルが日本でのW杯のドキュメンタリーを作ることになって、それに出演しないかという話になりました。話しているうちに裏方の仕事もいただき、W杯前に何度か日本でのロケに同行しました」

英国の訛り事情

ジャーナリストで英国専門と言っていても、ロンドンでしか英語を勉強したことがない人には、地方都市の英語はわかりづらく、苦労する人が意外といる。日本でも関西や東北独特の訛りや表現は同じ日本人でもわからない人もいるし、ましてや外国人はどうか。それを英国の日本人に置き換えてみるとわかりやすい。語学の勉強を地方都市でスタートした佳代子さんはどうだったのだろうか。

「私はマンチェスターが自分のホームタウンって言っているぐらいなんで、マンチェスターの人がしゃべっていても訛りに聞こえないんですよ。でも私自身は訛りがないみたいで、『マンチェスター出身だ』って言うと、『訛りがないね』って言われたり（笑）。旅行が好きで、ベトナム、カンボジア、チベット、ペルーなどいろいろ行くんですけど、行く先々で英語ツアーに参加してアメリカの方とかと話すと、『ブリティッシュ訛りだよね』って言われるんです。それがすごくうれしいですね」

ちなみに、彼女でも苦労する訛りは北イングランドのニューキャッスル。ジョーディーと呼ばれる方言は、他の英語圏の国の人にもさっぱり。英国人ですら聞き取りづらく、わかりにくいという。

英国生活の大きな問題、ビザ

大好きなフットボールに関わる仕事を、20代半ばから、それも英国でできるというのは恵まれていると思えるが、実際のところ難しい問題もある。

後述するが、フリーランスで女性ひとりが英国で暮らすには、日本の同年代の女性と比較して相当高い収入を得るか、かなり切り詰めた暮らしをしなければならない。

まず、英国で働いて生活するために問題になるのは、ワークパーミット。

「年々、EU圏外出身者がワークパーミットを取るのは難しくなっています。英国にある会社に就職できれば、雇用主が申請してくれ、その費用を負担してくれると思うのですが、私の場合はフリーランスでなければ嫌だったので、特に大変でした。自分自身で申請書を書いて申請することも可能だったのですが、プロに任せたほうが確実かなと思い、ビザの代行業者にお願いしました。代行業者の広告は至る所で目にしますが、残念ながら詐欺まがいの会社も存在します。在英日本人の方々が集まる掲示板に書き込みが何度かあったのを見ましたし、実は私自身も被害に遭っています。全額前払いの上、対応が怪しくて大失敗でした。やり取りは、電話ではなくメールなど記録が残るような方法でしたほうがいいと思います」

独身女性のロンドンでの暮らしぶり

物価高のロンドンで必要な生活費は

日本では現在、お給料もイマイチだが物価もそこそこ安かったりするが、ロンドンは逆。地下鉄の1

区間が約600円もしてしまう。しかも、仕事のための交通費は自己負担があたりまえなのだ。現在日本円との為替レートは1ポンド約210円だが、「現地では、1ポンドは日本での100円の価値と考えた方がいい」と、ロンドン在住者には言われる。1ヶ月の収入がどの程度あれば、東京でひとり暮らしをする普通のOL並の生活ができるのだろうか。

「1ヶ月1500ポンド（約30万円）は必要で、それでも厳しいかもしれません。もちろん、住まいをフラットシェア（独立した自分のアパートなどの一室に住むという形ではなく、一軒家やアパートの1フロアを数人で共同で使うこと）にして安く押さえている人もたくさんいるんですよ。でも、日本で普通に生活しているレベルを下げないでっていうのであれば、やはり1ヶ月それくらいは必要だと思います」

あこがれのひとり暮らしはロンドンでは高くつく。ゆえに共同生活を余儀なくされる人はかなり多いようだ。

おそらく、日本でOLをしてから英国のビジネススクールに留学という夢を持っている人は、そのくらい用意しないと今の生活レベルをキープできないのではないか。また、共同生活が語学上達に役立つのかというと、そうとも言い切れないようなのだ。

「シェアだと、家賃は週に80ポンドぐらいで済むと思います。リビングがあればみんなで集まってテレビを見たりするのですが、フラットシェアの場合、たいていリビングをつぶして部屋にして貸し出しているので、自分の部屋とお風呂しかなく、他のハウスメイトとの接点があまりないことを不満に感じている人も多いみたいですね。それでは語学の上達にはならないと思うし。

私もマンチェスターにいた時、アイルランド人や英国人とシェアしていて、それはそれで楽しかったんですけど、もういいかなって（笑）。共用のキッチンで自分のお鍋とか勝手に使われるのは当然だし、すごいお酒を飲む人だったんで、酔っぱらってテフロン加工のフライパンにフォークで傷つけられたり、揚げ物用のお鍋じゃないのに勝手に揚げ物されたりとか…。そういう生活は1年半ぐらいかな。いまでもそのアイリッシュの友達とは連絡は取ったりしているんですけどね」

シェアに懲りてロンドンではひとり暮らしをした佳代子さんだが、立地が良かったこともあり金額的にかなり高かったのと、寂しくて、もうひとり暮らしはいいと思ったとのこと。フリーランスだと自宅作業が多いが、どのように過ごしていたのだろうか。

「フリーランスのいいところは、ある程度時間の融通が利くことですが、仕事がない時は全然ないのに、ある時は見事に締め切りが重なるんですよね（笑）。そうすると、家にこもってひたすらパソコンと向かい合うなんてことが続いて、寂しくて悲観的になってしまうんです（笑）。たしかにひとりの時間も好きですけど、ひとり暮らしは向いていないと思いましたね」

現在は、これまでに経験したシェアとは違う形態で、他の人と一緒に住んでいるそうだ。

英国人と知り合い、仲良くなる方法

留学しても、「英国人となかなか知り合えない」と悩んでいる人が多いという話をよく耳にする。仕事にも通じる幅広い人脈を広げてきた社交的な佳代子さんには、何か親しくなる秘訣があるのだろうか。

「結局、私は英国人が大好きなんですよ。でも中には、『英国人はフレンドリーじゃない』とか、『イタリアとかスペインなどのラテン系の人の方がフレンドリーでいい』という人もいるんですね。

私は両方友達がいるんですけど、英国人はたしかにとっつきにくい。彼らは個人を尊重するというか、プライベート重視の人たちなんで、ラテン系の人のようなフレンドリーさはないんですけど、一度仲良くなればずっと続くのが英国人なんです。だから、私は10年近く仲良くしている英国人の友達、家族がたくさんいます。イタリア、スペインの方は表面的に仲良くする人が多いので続かないというか…。もちろん続いてる友達もたくさんいるんですけどね。

初対面からいきなりすごくフレンドリーなのは、私にはちょっと抵抗があるんです。英国人は初めは難しいけど後は続きますよって感じだし、すごくやさしい。ただ、英国にいるイタリア人やスペイン人は同じ外国人なので、外国人同士共通の話題、英国人の悪口とか（笑）言えると思うんですけど、英国人と友達になるには英国人との共通の話題がないと…」

それは、たとえばフットボールが好きなら競技場やパブに行くとか、そういったことなのだろうか。

「そうですね。私ももしフットボールがこんなに詳しくなかったら、友達の数は半分以下かもしれませんね。だから共通の趣味があるのっていいと思うんです。よくフットボール好きの人は労働者階級とかフーリガンとか言われるんですけど、見た目が怖い人でも、その中に入っちゃうと仲間意識みたいなのがあってすごく構ってくれるんですよ。私もすごく良くしてもらっています。一見『この人こわーい。殴られる』って人も、同じチームを応援してるってだけで『何飲む？』って聞いてくれたり（笑）」

やはりこういうことは時間をかけること。あとは共通の趣味があるところに行くということだろう。

「共通の趣味とかがないと、英語が完璧で全く問題ないならまだしも、英語もまだそんなに話せなくて…だと難しいかもしれないですね。あと、英国人の友達から聞くんですけど、日本人と知り合っても、毎回毎回、『○○は何？』と聞かれることがあるそうです。『もちろん質問があればできる限り答えたいけど、まるでレッスンになってしまって、それが重荷だ』と言う人もいましたね。だから彼らも『自分のことを友達と思っているのか？　あるいは英語上達のツールとしてしか見てないのかな？』って思うそうです。

英国人の友人を作りたいと思う人はどうすればいいのだろうか。

「交友関係に国籍は関係ないと思いますが、どうしてもネイティブの友達が欲しいという人は、アダルト・カレッジなどがたくさんあるので、そういうところに行ってみるのも良いと思います。写真コースとか女性だとフラワーアレンジメントとか料理教室とかいろいろあって、さまざまな国の人がいますが、もちろん英国人もいますよ」

何歳になっても好きなことがやれる英国

「本を出版したことで、著名な方のラジオ番組から出演依頼を頂いたり、フットボール映画の配給会社や宣伝を担当されている会社から仕事の話を頂いたりと、仕事の幅が広がりました。渡英当時は若かったこともあって、ほとんど何も考えずに英国へ来てしまったのですが、最近、『なぜ英国へ来たのか、なぜフットボールが好きなのか』といった話をラジオなどでさせて頂いた時に、予想以上の反響があり驚きました。『好きなことを追いかけて、実現されて羨ましいです』『島田さんのように頑張ります』といった内容のものがとても多かったのです。

英国の好きなところのひとつは、好きなことを何歳でやっていてもまわりが何も言わない、むしろ応援してくれる、という点ですね。子育てが終わってから、『以前から大学へ行きたかったの』と大学へ通い始めた女性を知っていますが、彼女のような人は別にめずらしくありません。私も日本では『変わっている』とか『きちんと就職すればいいのに』なんて言われたこともありますが、英国では何度『周囲が何を言おうと、自分がやりたいことをすればいいじゃない』と言われたことでしょうか」

英国の方言と映画

日本に関西弁や東北弁があるように、英国にも地域によって方言があり、同じ英国人でも聞き取れないものがあるという。そもそも英国はイングランド、ウェールズ、スコットランド、北アイルランドと分かれていて地方色が強い。スコットランドはもちろん、イングランドでも南西部と北東部ではかなり印象が違う英語を話すのだ。

南西イングランドの英語は日本人にもなじみやすいが、北イングランドの英語はクセが強い。北のマンチェスターやリバプールはアイルランド系の住民が多く、その影響もある。さらに訛りがきついと言われているのが、ニューカッスル周辺。ここの英語は、たとえば映画『リトル・ダンサー』や『シーズン・チケット』『GOAL！』などを見た人ならわかると思うが、アクセントばかりでなく、単語も独特のものがある。

ウェールズは、公用語として英語とウェールズ語があり、ウェールズ語を大切にしようという意識も強いので、公共の案内表示などにはこのふたつの言葉が併記されている。ちなみに、ウェールズ語ではウェールズを「Cmryu／カムリ」と言う。綴りを見ても、どうやって発音していいのかまったくわからないものも多い。ウェールズを舞台とした映画に『ウェールズの山』があるので参考にしてみては。

スコットランドもまた、独自のアクセントや表現などを持つ。たとえばネス湖は「Loch Ness」と言い、“Loch”＝“湖”など単語が独特な上に、発音も“ch”を“ク”と“ハ”の中間のように発音するなど複雑だ。特にスコットランド内でもグラスゴー訛りは強烈で、アメリカ人には理解できなかったり、英語が堪能でない日本人だと英語圏ではない国の言葉に聞こえるほど。英語学習の参考にはあまりならないかと思うが、スコットランド出身のユアン・マクレガーやロバート・カーライルの出ている『トレイン・スポッティング』は、上品でないスコットランド弁を知ることのできる映画作品だ。

英国のテレビニュースなどでは、英語学習の規範となるような英語が流れるわけだが、これはRP（Received　Pronunciation）と呼ばれるもので、BBC英語と言われるのもこれである。王室の英語は、クイーンズ（キングズ）・イングリッシュ。

ロンドンでは皆が標準的な英語を話すかというと、そうでもない。下町の訛り、コックニーは有名だ。それ以外にもロンドンは人種のるつぼなので、各国出身者のクセのある英語に接する機会も多い。ロンドンが舞台の映画『ロック・ストック＆スモーキング・バレルズ』にも、強烈な訛りで話す人物が多数登場する。

アーティストとしてロンドンで暮らす

横溝 静 さん

アーティスト

ロンドン在住／英国生活15年／30代

【静さんが所属しているギャラリーのHP】
http://www.wako-art.jp/

日本の大学では哲学を専攻していた静さん。学生時代にアルバイト先がグラフィックデザインの事務所だった影響で、グラフィックデザインを学ぼうと思い立ち英国へ。英国のアートカレッジで学び、さらに別の大学院へと進む。大学院で制作した作品がきっかけで卒業後、ギャラリーから声をかけられ、90年代終わりから、アーティストとして、ロンドンを拠点にヨーロッパ、アメリカ、日本などで展覧会を開く。

静さんのアート作品は写真や映像をベースにした、いわゆる現代美術（コンテンポラリー・アート）と呼ばれるもの。また、イタリアでのアートのコンペに優勝して、そうそうたるメンバーがデザインを手がけたilly*の限定カップにドローイングを提供したり、日本からアーティストとしての奨学金を受けたりもしている。現在はアートの仕事だけで暮らしているが、以前はアルバイトをしながらの生活だったという。

*illy

世界的に有名な、イタリアのエスプレッソ用のコーヒー豆専門のメーカー。「illy collection」と呼ばれるコーヒーカップのデザインを毎年アーティストやデザイナーが手がけて発表している。その中には、ミュージシャンのデヴィッド・バーンや人類学者であり写真家でもあるセバスチャン・サルガド氏も。このカップ展示会が開催されたり、熱心なコレクターがいてすぐ売り切れ、プレミアがつくことでも人気が伺える。

アートカレッジへ留学

デザインからアートへ目指す方向を変更

そもそも大学では哲学を専攻していた静さんが、アートの道へ進んだのは日本の大学時代のアルバイトがきっかけだった。

「グラフィックデザインの事務所でアルバイトしていたんですよ。そのうちに、グラフィックデザイナーになりたいなと思うようになって、英国に来たんです」

日本での大学生活の後、グラフィックデザインの勉強をするために渡英。チェルシー・カレッジというアートカレッジで学び、さらにゴールドスミス大学の大学院へと進む。

しかし、グラフィックデザインを学ぶはずが、その道には進まなかった。

「最初、チェルシー・カレッジでの専攻を決める前、ケント・インスティチュートというカレッジのファウンデーションコース（基礎科）に行きました。そこでは基本的なことを全部やらされるんですよ。デザインも、テキスタイルも、デッサンを描くのも、短い間にいろんなことをやるんです。そこであれこれとやっているうちに、英国のグラフィック専攻って日本と違ってすごく職業的なんだなぁと。日本のグラフィック科って割とアーティスティックですよね。イラストレーションもあり、立体もあり、何をしてもいいような印象で。英国はそうじゃなくて、レイアウトとか、タイポグラフィとか職人的なところがあって。それはその学校の教え方だったのかもしれないんですけど、『これはちょっと違うかも』という感じで、『どうしようかな？』と思っていました。当時、ロンドンで見た展覧会などがおもしろかったせいもあるんですが、『デザインじゃなくてアートかなぁ』みたいなことを考えるようになりました」

そこで目指す方向を変えた。英国で6年の学生生活を送り、ビザが切れたため一時帰国したが、再渡英。その後結婚。

アルバイト生活

学生を卒業してプロのアーティストとなってからも、ある時期まではアルバイトをしていた。静さんの場合、あくまでもアーティストだから、普通の人が就職、仕事と思って職を探すのとはスタンスが違う。とはいえアートのみで生活していくのはどうも簡単なことではないらしい。これは、英国に限らず、日本でもそういう話は聞く。アルバイトをしながらアートの制作活動をするというのはめずらしいことではないのだ。

「アルバイト探しは、その頃は日本食品などを売っているジャパンセンターという所に掲示板があって、そこに求人が出ていたりしました。あとは日系の新聞『ジャーニー』とか、『英国ニュースダイジェスト』という日本語新聞の求人欄等で探しました。学生は労働時間が決まっているので、学生でもいいとか、そうじゃない場合は必ず永住権が必要、といった情報が載ってます」

英語が堪能な人対象の求人サイトもある。

「バイリンガル専門の職業ファイルみたいなのがあって、それを見ると、"フルーエント・ジャパニーズ&イングリッシュ"という条件で、いろんな仕事がリストアップされています。それは別に日本人専門じゃなくて、こっちの人でも日本語がしゃべれればそういう仕事があるというものです。こういうサイトは昔はあんまりなかったと思うのですが、インターネットをみんなが使うようになったからでしょうね」

静さんは、観光客相手のチョコレートショップの店員もしたことがあるそうだが、変わったところでは出版社のエディターも経験。フルに働くと月30万円程度の収入になったそうだ。ただし、そこは英国系の出版社で、日本語と英語ができることが条件、また芸術系分野の知識がある程度必要な職場だった。

「私の前任者が日本の方で、その人の引き継ぎをしましたが、社内で日本人は私ひとりだけ。『舞台芸術年鑑』というのを作っていて、ダンス、演劇、オーケストラなどのダイレクトリーのアジア部門担当でした。日本って小劇場や劇団とか、小規模から中規模の舞台芸術系の団体がすごく多くて、そういう団体の住所と連絡先と活動内容のリストアップだったんです。それと、本自体は英語なのでヨーロッパとアメリカでのセールスがもちろん多いんですけど、アジア方面からのオーダーは日本が多かったんですね。日本以外のアジアの国って英語で大丈夫なんですが、日本は日本語でないと話にならないということが多く、その応対もしました。また、他のアジア諸国からの情報を収集してリストアップするのも仕事でした。このアルバイトは、多忙な時期はフルタイムに近い労働時間でしたが、忙しい時期とそうじゃない時期とで労働日数もお給料も変わったりして、すごくあいまいでしたね」

アーティストとしてスタート

プロ・デビューするには…

アートを仕事にする以前に、展覧会を開いてギャラリー関係者の目にとまらなければならないわけだが、それはどうすれば…？

「ロンドンって学校の卒展をギャラリー関係者が見に来るんです。そこでピックアップされたりする人もいますね。私の場合は、先に日本で個展を開きましたが、英国ではグループ展に出品して、だんだんと、という感じです。ロンドンは商業ギャラリー以外にもたくさんのアートのスペースがあって、しょっちゅうどこかで学校を卒業したばかりの若いアーティストたちが集まってグループ展をやっています。そこで評判になったり、雑誌に展覧会評を書かれたりすると、関係者が見に来てピックアップされたりするんですね。皆、おもしろいアートに対してはハングリーですから、よくチェックしてますよ」

これは人によって若干異なるかと思うが、ギャラリーに所属したりマネージャーのような人がついているほうが、プロとして活動しやすいようだ。静さんの場合は、学校を卒業して最初の頃はギャラリーには所属していなかったが、グループ展などにはあちこちで参加していた。働きながら制作していた頃、あるロンドンのギャラリーで個展を開いた際に「所属しないか」と声をかけられ、現在はそのギャラリーに所属しているそうだ。

「ギャラリーに所属するというのはどういうことかというと、ギャラリーによっていろいろですけど、マネージャー的なことをしてくれるんです。何年かおきに個展を必ずやることになり、彼らがプロモーションとアドミニストレーション、つまりコンタクトを取りたいという人がいたらやりとりをしたり、作品を売ってくれたりするということです」

ただ、ギャラリーに所属することは、人によって良し悪しだと言う静さん。その理由は

「ギャラリーというのは、こういった仕事に対して、作品の売り上げからたいてい50%を取るんです。

だから、ギャラリーに所属しないで個人でやっている人もいます。でもそうすると、『あなたの作品をビエンナーレに出したいからスライドとか資料を送れ』と言われてすぐ用意したり、『作品が高いからもう少し安くしてくれ』と言われた場合の交渉ごとも含め、作品の管理、梱包や発送、全部自分でやらなきゃいけない。だから、そういうことをきちんとできればいいんですが、面倒臭かったり、またはできない人もいるので、そういう場合はギャラリーがついている方が助かりますよね」

アートという仕事とギャラリー

素人にはちょっとわからないが、作品作りはどの程度のスパンで行うのか、また仕事はコンスタントにあるのかなど、素朴な疑問を抱かずにはいられない。

「そのアーティストの作品がよく売れるかそうでないのかにもよりますね。よく売れる人でしたらまだ作っていない作品にも予約が入っていますから、きっとコンスタントだと思いますし、自分でノルマを決めて制作してたりするんじゃないでしょうか。私の場合そういうことは全くなくて（笑）、作品が形になってくると、ギャラリーと話し合ってこの時期に個展をやろう、という話になります。所属しているギャラリーでの展覧会以外に、国際展とかグループ展に呼ばれたりすると、そこのキュレーター*から依頼されて、今まで見せてきたものの中から『何点出してくれ』とか、あるいは『新作を出してくれ』って言われて新作を作るとか、展覧会の内容などにもよりますがそういう感じですね」

ノルマがないといえども要求はあるはず。「この期日までに新作5点出せ」と言われ、もしもその依頼に応えられず、どうしても3点しかできなかったという時はどうするのか？

「できなくても『ごめんなさい』とは言わないんですよ。『3つがいいと思うので3つです！』と。もちろん私が一番正しい（笑）」

また、ギャラリーに所属していても、作品が売れなかったり、1年間全く発注がないこともあるらしい。そうなると収入が絶たれてしまう。

「発注がないということはギャラリーが作品を全然売ってくれないとか、アーティストが全然作らない（笑）とか、もうこのアーティストは人気がなくなったとか（笑）、いろいろ理由があるんですけど、たとえばアーティストが一生懸命作っているのにギャラリーが売ってくれない場合は、アーティストが『何をやってるんだ』とギャラリーに文句を言うわけですね。『別のギャラリーに移るぞ』って言って、そこから離れちゃう人もいるし。逆にアーティストが作品を全然作らない場合は、ギャラリーが放っておいて、見守っていてくれる場合もあるし、『もう君のことは面倒見きれないから』と言われて所属をはずされちゃう人もい

静さんの自宅近くにあるお気に入りのガストロパブ
（おいしい料理が評判のパブをこう呼ぶ）

ますよね」

複数のギャラリーと契約していて、まんべんなく作品を出している人もいるようだが。

「ロンドンの中で複数というのはあまりないと思います。すごい売れっ子だと違うかもしれませんが。私の場合は、ロンドンのギャラリーの他には、東京、ＮＹのギャラリーに所属しています。

複数のギャラリーとやりとりすることで出てくる問題のひとつに、コンサイメントというものがあるんです。最初の頃は、ＮＹから話が来た時に、ロンドンのギャラリーはＮＹで作品が売れたらその10％を取るという話をしていました。パーセンテージはギャラリーによるんですが、私はロンドンのギャラリーに主に所属していて、ＮＹに作品を出す時にはロンドンから持っていくものだから、ＮＹで売れたら50％のうちのギャラリーの取り分の10％はロンドンに返してくれ、というシステムなんですよ。

あと、たとえば私がパリのギャラリーで展覧会をしたりすると同じことが起こって、売り上げのパリのギャラリーの取り分の10％はロンドンに入る。なぜかというと、いろいろ理由はありますが、ひとつにはロンドンのギャラリーが私をマネージメントしてきたからここまで売れてきて、あなたもそれで儲けるんだからそれくらい還元してください、ということですよね。このシステムは、ギャラリー同士がうまく了解してくれればいいのですが、もちろん軋轢を生む場合もあります。

私の場合、ロンドンとＮＹ、東京とはあまりにも離れているので、もうその10％のコンサイメントは全くなくて、それぞれと一対一でやっています。もちろん他にもいろいろなケースがあります」

＊キュレーター　curator
ギャラリーや美術館の展覧会の企画者。アート作品の情報を集め、アーティストを発掘し、紹介する。美術評論をするキュレーターもいる。

アーティストには保障がない

確実なものはない!?

アーティストは、会社員や公務員と違って休職時の保障もないし、失業してもスムーズに失業保険が出るわけではない。一般的にいって、アーティストのようなフリーランスの人が、オファーがなく収入がなくなってしまったら、税金や暮らしはどうするのだろう。

「それはもうなんとかするしかないですよ（笑）。非常に難しいところなんです。なぜかっていうと、稀にアーティストにお給料を払うギャラリーもあるんですが、多くの場合、ギャラリーに所属しているアーティストっていうのは、"セルフ・エンプロイド"という職種で税金を払っています。自分でやっている人たち、フリーランスのことで、会社に雇用されているのとは違いますから、自分が失業しているって証明が出せないんです。だから失業手当ももらいにくい。それでも自分の収入アカウントを見せて、『これだけ全然ないんだから、失業手当を出してくれ』と言うこともできないことはない。ただ、それはもう何回もジョブセンター（職業相談所）に行って、いろいろアプローチしなくてはいけないんですけどね。でもこれはケースバイケースで、いろいろな状況があります」

収入のマネージメントがなかなか難しいというか、確実な収入源はないということなのだろうか。英国・日本・アメリカでギャラリーに所属している彼女であっても……。

「ないですよ、そんなものは（笑）。保障なし！　だから、お金がなくなったら求人のウェブサイトを見て、『何かないかな？』と（笑）」

静さんは結婚しているが、ご主人の収入に頼ったりはしないという。いざとなれば、アルバイトも……。

「そりゃあ、しますよ。私の旦那もアーティストなんで、収入は似たようなものですから（笑）。生活費の諸費用は全部半々に払っています。いつ展覧会の話が来て、自分のお金の中からどのくらい制作のためにを使わなきゃいけないかとかわからないんですよ。だから、家賃とかも自分が多く払ったりすると、『あの時払ったから私は今お金がない』とかケンカになるといやですから（笑）」

などとあっけらかんと話す静さん。アーティストができるアルバイトというとどんなものが？

「複数のギャラリーに所属しているアーティストでも、安定した暮らしができる程の収入がないという人はたくさんいます。副収入は皆いろいろ手を尽くしていますよね（笑）。アート・カレッジに呼ばれて講演したり、大学講師の仕事をしているアーティストも多いですが、これも安定した雇用とは言いがたいものです」

ロンドンで生活していて感じること

生活が苦しいこともあるというが、まわりが皆似たようなものなので、特に苦労しているとも思わないそうだ。それでもロンドンの物価の高さは身にしみているよう。特に家賃や食費。ロンドンで暮らしていて、他に気になることとは何か？

「ネガティブな面では、身の危険を感じることが日本より多いので比較的緊張して暮らしていますね。アバウトなインフラとか、あと、"公共"というものに対する考え方の違いだと思いますけど、図書館の本に堂々と線が引いてあったり、書き込みがあること（笑）。誰も消さない」

週末のみ開かれるオーガニック・マーケットでの買い物は、静さんの楽しみのひとつ

インフラについては、特にガス、水道や電気関係、他にも公共施設は日本に比べ難ありということを複数の在英日本人から聞いた。確実に安定していてほしいものが、そうではないということか。加えて、ロンドンは公共の意識水準が低いので、ゴミが多くリサイクルが徹底していないところも気になるようだ。

「英国に暮らして他に感じたことは、住んでいる人がある意味いいかげん、ある意味自由なところ。ただ、個人の権利に対しては真剣で、他人の異なった価値観に対しても寛容なところがいいですね。

また、親の離婚、再婚に関してクールな子どもたちが多いと思いました。あまり家族というユニットでものを考えないというか、精神的に自立しているというか」

そんな静さんが、英国暮らしを夢見る女性たちに伝えたいことは？

「来てみないとわからないことが多いので、生活してみるのが一番いいでのでは。いろいろ日本と違うのはあたりまえなので、それをおもしろがって楽しめるといいですよね」

ボランティアが縁でめぐり合った仕事

田中弥生 さん

動物病院スタッフ

スコットランド在住／英国生活5年／30代

【弥生さんのHP】
http://scotyakko.exblog.jp/

オーストラリアでの語学留学中に知り合った、スコットランド出身のご主人マイケルさんと結婚した弥生さんは、二度、日本での結婚生活を試みた。当初日本で結婚し、その後英国へ渡ったが、弥生さんの強いホームシックで日本に戻って来たからだ。

しかし、マイケルさんが日本で苦労するより、弥生さんが英国で頑張ろうということで、最終的に英国での永住目的での二度目の移住を決意。現在はスコットランドの首都エディンバラに暮らしている。日本にいたときの弥生さんの職業は、看護師だった。

エディンバラでの就職経験は、ウェイトレス、ホテル勤務、ショップ店員、日系企業の事務員などさまざま。多様な職場に身をおくことによって、外国で仕事をすることの楽しさも難しさも身をもって味わってきた。その一方動物病院でのボランティアを経験し、それが縁で後にボランティアをしていた病院から仕事の声がかかり、動物の「看護師」となる。

二度の渡英

仕事…ウェイトレスの明と暗

弥生さんは、結婚を機に二度渡英しているが、いずれも仕事を探し、就職した。1999年、初めてスコットランドで暮らした時は、とにかく日本に関係ある仕事をしたかったため、日本人とも交流ができ、今後の役にも立つと思い、日本関係のレストラン（オーストラリア留学でも日本食レストランでウエイトレスをしており、とても楽しかったそうだ）を全てチェック。電話で求人がないか尋ね、そのうちの一軒で仕事を開始した。

「高級日本食レストランというのが売りの店でした。掃除、アイロンかけなど、ウエイトレスというよりは、オーナーの日本人夫婦の奥さんの手伝いもさせられました。お客さんとの会話は禁止され、勤めて1週間過ぎた頃からは奥さんの私に対する当たりがきつくなり、容姿について批判されたり、椅子に座ると『背もたれに背中をつけるな』と背中を叩かれたり…」

という理不尽な扱いを受けたという。同じ日本人につらく当たられてかなり精神的にまいってしまい、それからは日本関係の仕事でなくてもいいと思い直す。観光業に目を向け、ホテルやツーリストインフォメーション、美術館や観光名所のエディンバラ城にも手紙と履歴書を送った。弥生さんの場合は英国人と結婚していたため、ビザの問題はなく、とにかく仕事探しと面接ということに奔走した。

「その後ホテル内のレストランでウエイトレスに。朝食から昼食までを担当し、毎日5時起きでしんどかったけれど、楽しかったです。週に2組は日本人の団体客が宿泊するため、その時には必ず私が担当し、時には日本人のお客さんの通訳や案内、問題解決なども手伝うことができてとても幸せでした。

ホテルで働くスタッフは地元の人が多く、彼らのスラングや訛りは本物でした。夏の間はアイルランドの学生なども同僚だったので、英語で仕事内容を瞬時に理解しようと懸命になって努力しました。そのおかげで、リスニングとスピーキングがかなり上達し、しかも、スコットランドの方言を沢山習得しました。主人でも使わない言葉を、私の方が使うぐらいになりました」

英語のスキルアップ、弥生さんの場合

ホテルで仕事をした時が最も英語が上達したという弥生さん。

「日本では基本的に高校卒業以来、英語を勉強したことはありませんでしたが、オーストラリアで8ヶ月語学留学をしたことで、生活ができる最低限の日常会話はできるようになりました。今の主人との出会

いが語学上達に大きく影響しましたが、それでも私が初めて英国に来た当時の英語力は目を覆うものでした。

日本を出る前にできることがあるとしたら、自身でコツコツと文法、単語の勉強をすることかもしれませんが、日頃英語を使わない生活で勉強するのはやはり大変だと思います。あまり心配せずに、こちらに来てからの自分自身を楽しみにしておく、というのもいいのではないかと思うのです。英語力があればあるにこしたことはありません。ただ、必要に迫られて身につく英語は、驚くほどのものです」

これは個人差もあるだろうが、仕事環境・生活環境に負うところが多いと思う。彼女のような、英語がネイティブの人に囲まれ、積極的に英語を話すような職場に飛び込んでいくというのも英語上達のひとつの方法なのだろう。そして、彼女の上達法のもうひとつが、読書。

「英語の本を読むこと。単語なんかわからなくていいんです。いちいちそこでつまづかずに、とにかく読んでいく。どうしても必要と思われる、くり返し出てくる単語に関しては辞書で調べて、あとは流すように読んでいくのです。それで、読み終わった後に、全体のストーリーがつかめていれば、それでオッケーだと思います。そんな読み方でも、頭の中ではシチュエーションと共に新しい英語のフレーズがいくつか思い出されたりします。そんな英語の方が、後々ずっと身について残っていきます。本を選ぶのなら、全く知らない本よりは、日本を題材にした本、日本語で読んだことのある本、映画になっていてその映画を見て知っている本の方が、絶対に役立つし、頭に入り、読み終えた時、次の本への自信に繋がります」

転職、そして…

悲しい経験

ホテルの仕事は1年半続けたが、30歳過ぎの彼女には体力的につらかったようで、その間ももう少し身体的に楽な日系の会社の仕事がないかと、英国の日系リクルート会社数社に登録。スコットランドでの募集は皆無に近いと聞かされていたが、ある日本企業のオペレーションマネージャーの秘書の募集があった。パソコンも使ったことがなかったので、ダメでもともとと思っていたがそこに就職が決まった。

「面接で、ボスとなった人から『この会社のことは何か知っているの？』と聞かれ、インターネットさえ未経験だった私は、『ホームページで読んだ』というのを、『ホットメールで読みました』と答えたくらいです。パソコン使い方から現地のスタッフに丁寧に教えてもらったのですが、彼らは本当に気長に優しく見守ってくれました」

ここでの仕事は楽しかったようだが、弥生さんが強いホームシックにかかってしまい、3年のスコットランド生活にいったんピリオドを打ち、日本に戻ることになる。

そして、さらに2年後、2度目の渡英時にすぐに就いた仕事は、街角の張り紙で見た「靴屋の店員」の口だった。仕事をしないと、家庭以外に所属する場所や繋がる人がいないと疎外感を感じていた弥生さんにとって、すぐに仕事が見つかったことはうれしかった。しかし、

「クリスマスを控え、靴屋でお金が45ポンドくらいなくなる事件があり、その時店番だった私が疑われる雰囲気になってしまいました。結局、そんな状況で働くのはいやだと悩み、退職しました」

店に勤務していたのは店長と彼女だけではなかったが、彼女に責任や疑いがかかるような雰囲気になってしまったようだ。経理上のミスなのか紛失なのか、彼女が英国人でなかったためなのか、それはわからない。彼女は自分の潔白について話をし、店長もそれを納得してくれた上で辞職した。

弥生さんは明るく前向きな人だが、こういう精神的に追い込まれるような経験もしている。しかしそれを乗り越えた時、新たなチャンスがめぐってきた。

仕事探しや職場で学んだこと

仕事を探すにあたり、弥生さんはこう考えてきた。

「まず、『自分に何ができるのか?』それをはっきりさせるのに時間がかかりました。『英語が満足でない私をどうしてわざわざ雇うだろうか?』という疑問はいつも頭から消えないし、それが事実でもありま

す。だから、楽な仕事よりは、身体を使った仕事のほうに選択肢が広がりました」

いくつもの仕事を経験した弥生さん。日本人のいない職場で感じ、学んだことは多い。

「ホテルでは、私は初めての日本人職員でめずらしくて当たり前なのに、他のスタッフたちと同じように話しかけてくれました。日本についての質問とかアジア関係の話を持ち出す人は皆無で、常に毎日の世間話をしてくれたことが、特別扱いしない彼らの優しさと感じてうれしかった。ただ、スコットランド人独特のきつい冗談も言うので、最初のうちは慣れずに、真剣に受け取っては落ち込んだりしていたことも」

他にもこの地で仕事をしていて感じることは多いと言う。職場での新人の扱いも日本と違う。

「思ったこと、考え、訂正などを相手にはっきりとその時に伝えます。そして、後には残さない。一度教えたことや言ったことは、それ以上は口には出さず、黙って見守っている。こちらから聞いた時には、親切に最後まで面倒をみてくれる。これは、職場の人間関係形成の賢いやり方だと感心しました。日本だと、新人に教えたり注意しても、その後が心配で何度も口を出したり確認をしたりしますが、それが全くないのを不思議に感じたくらい。最初は野放しのような気がして、『冷たいのかな？』と思いましたが、そうではなく、自分を信じてくれている、大人の人間として扱ってくれていることのあらわれなのだとわかりました」

そんな中にも意外な英国人の一面が。これは一概には言えないが、弥生さんが経験したことだ。

「意外に陰口が多いのに驚きました。が、本人の前では絶対にその態度をおくびにも出さない。無視したり、いかにも嫌い！という態度をとったりはしない。陰で何を言われているか不安ですが、自分の耳にさえ入らなければ知らなくて済むから、ありがたいといえばありがたい。また、相手に仕事を急かす時も、厳しく言うのではなくジョークで話して、相手が『はいはい、わかったわよ』と苦笑いしながら動くようにさせます。同じプレッシャーでも、このプレッシャーのかけかただといやな気はしません」

日本でのキャリアは活かせず…

弥生さんは日本で看護師として5年働いていた。そのキャリアは就職で活かせなかったのだろうか？

「看護師も考えたことはあり調べてはみました。日本の資格をそのままで、こちらの病院で1年間トレーニングを受け、その病院が許可してくれれば、そこで仕事ができるという話でした。でもこれは、ひどい看護師不足でスペインやフィリピンからの出稼ぎ看護師を雇っているイングランド南部の病院のこと。スコットランドでは、まず、トレーニングをさせてくれる病院があるかどうか。可能性は低いと言われ、そのままになってしまいました」

彼女は日本では人間の看護師さん。しかし紆余曲折と出会いによって、別の形でいきものの看護をする仕事に就くことになった。

ライフワークは動物愛護活動

ボランティア活動が、縁を呼ぶ

靴屋で仕事をしていた時、将来的に動物に関係した仕事をしたいと考え、まずは全く知識のなかった動物関係のボランティアをしようと思い立った弥生さん。イエローページで全ての動物病院を調べて、手紙と履歴書を同封して郵送し「お手伝いをさせてもらえませんか？」と売り込み。もちろん無報酬だ。熱意を買ってくれた動物病院が彼女を迎え入れ、仕事とボランティアを並行させていた。

退職後、２００５年に入ってからは仕事を探しながらボランティアに専念。２月には以前働いていた日系企業の職場の友人から、「以前と同じ仕事に復帰しないか？」と誘われ飛びつく。それを機に半年ほど続けていたボランティア活動は休止するが、縁は奇なもの。このボランティアが後で意外な形で繋がる。

日系企業の仕事に復帰したものの、その後なんと業務縮小のため再び仕事を失うこととなってしまった。そんな時かかってきた一本の電話。それはかつてボランティアをしていた動物病院からだった。今度はボランティアでなく、アシスタントとしての”仕事“の依頼だ。そして現在、弥生さんはエディンバラの動物病院のスタッフとして働いている。

彼女は大の動物好きで、ベジタリアン。親しい人から記念日のプレゼントを聞かれて動物愛護のチャリティの寄付を願い出るような人である。彼女は自分のホームページで何度も動物愛護を訴え、自身の動物病院の体験記を綴っている。自宅では日本から連れてきたビーグル犬と暮らし、また、ご主人も語学学校の教師の職を離れ、現在はドッグ・ウォーカー（飼い主に代わって散歩をし、時には自宅に犬を預かり世話もする）という仕事をしている。動物好きのふたりにとって、現在の仕事はめぐり合うべくしてめぐり合った仕事のように思える。

弥生さんは毎日、愛犬ノーマンとお散歩。気持ちの良い散歩コースが近所にある

「動物保護を仕事にしたいと強く希望しています。たとえば、動物保護団体やチャリティでの仕事、動物保護にも繋がる自然崩壊を防ぐ仕事をしたいと思っています。また将来的には、日本での動物保護も希望していて、ドッグ&キャットホーム*のような施設を作れたらと思っています。それには幅広い知識も必要なので、カレッジなどで動物生態などについての勉強もしたいです」

*ドッグ&キャットホーム
捨て猫や捨て犬、またはやむをえない事情で飼えなくなった犬猫を保護する施設。保護された犬猫は、ここで新しい里親を待つ。英国では犬や猫はペットショ

ップで販売されることはなく、ブリーダーから購入するか、こういった動物保護施設から里親が引き取る形で家に迎えられる。給与を支払われる職員もいるが、ボランティアも多い。

日本にあった便利さと、日本になかったゆとり

英国人のマイケルさんとの暮らしを、英国と日本両方で試した弥生さんだけに、それぞれの環境での長所も短所も実感している。

「物質的な充実感は、絶対に日本の方が感じられました。何でも手に入るし、便利だし、まわりは日本人ばかりで同じ言葉を話すし、一歩外に出れば店や大型のスーパーがたくさんあって欲しい物はその日のうちに手に入ります。カラオケしたり、外食する場所も多いし安いし、とにかく娯楽がいっぱいあるから。ただ、精神的な充実感は、こちらにあると思います。エディンバラもスコットランドでは都会ですが、時間がゆっくり流れて、日本ほどすさまじい流行というものがなく、情報に振り回されることも少なく、精神的やすらぎを感じます。自然もそのままなるべく残そうとしてあり、ほっと息をついた時に見上げる景色が優しい。それでも、生まれ育った家族から離れている、昔の話を共有できる友人から離れていることが、一番の欠けた部分ではあります」

最初の英国暮らしで激しいホームシックにかかってしまい、一度は日本に戻った弥生さんだけに、その言葉には実感がこもっている。二度目の英国暮らしでは、自身のホームページを立ち上げ、日本の友人

と共通の話題を持ったり、このサイトによって意外にもエディンバラ周辺にいた日本人と友人になったりして、寂しい思いはだいぶ埋められてきたようだ。

日本人の友人を持つことの大切さ

ロンドンなどに比べると、日本人の少ないエディンバラ。そこで働き暮らす弥生さんが英国暮らしを考えている人に伝えたいことがある。

「私の場合、英国生活で友人を作るということがなかなかできず、最初のうちは焦ったり、無理をして気の進まない飲み会やクラブに出かけたりしていましたが、そこで得られる人間関係に満足しても、その場限りのことが多くありました。結局、どんなに焦ったり頑張ったりしても、人と人との関係作りは、国境を越えようが越えまいが、そう簡単ではないということがわかりました。しかも、歳をとれば、それだけ〝新しい友人〟を作るのは難しくなるのは当たり前で、やはり本当に大事な友人となると、学生時代や幼少の頃から長年かけて人間関係を築き上げた〝日本の友〟ということになります。

そんな私は、ある時、英国での不自然な友達作りに無理が生じて、結局はひどいホームシックになるという事態を引き起こしてしまいました。最初の英国暮らし3年間では、がむしゃらに、早くここに慣れようと日本を拒絶し、日本人を避けていたことがありました。それが、どんなに精神的に不自然であったかを身をもって知ることになったのです。ですから二度目になる今回の英国移住では、一番に自分の気持ちに素直に生きることを決めました。

たぶん私が最初にここで生活を始めた頃のように、なるべく日本を忘れてここでの生活に必死に慣れようと、自身の中に根付いた文化を変えようと頑張る人は少なくないと思います。本当に、それに耐えられるだけの力強さがあればいいのでしょうが、私のように基本的に日本の家族や故郷、友人にいつも頼っていたい者には、この上なく不自然で不健康でした。それを英国に来る前に、ちょっとだけ覚えていてほしいと思います。

日本の何かと繋がりを持っていた方が、心の安定を得ることができると思います。また今は、インターネットやブログなどを通して、思いがけず近くに、日本人の友人を見つけることができるようになりました。これをぜひ活用してもらいたいと思います。誰かがあなたの近くで、誰かからの連絡を待っているかもしれません。実際に会うことがなくても、会える距離じゃなくても、ネットや電話、もちろん手紙でも。素敵な友人との、大事な出会いになると思います」

結婚・出産後、英国で天職に出合う

芦田美津子 さん

ドライビング・インストラクター（自営）

ロンドン在住／英国生活16年／40代

英語の上達のため、英語圏の国へ留学…というのはよくある話。

美津子さんは、英国の語学学校在学中に、アルバイト先でお客さんとして現れた今のご主人（金融関係の会社に勤める日本人）と知り合い、結婚。現在は二児の母である。

結婚後、日系企業で正社員として勤めていたが、妊娠を機に退職。そして数年前、子どもも成長したため再就職をしようとしたのだが、育児中のブランクなどがネックになって、なかなか仕事を見つけることができなかった。

そんな彼女が今は天職と思える仕事に就いた。それはどんなきっかけで？　仕事探しの日々と今の仕事から感じること。そして、美津子さんの目から見た英国での結婚の姿から、意外な英国女性の一面も見えてきた。

運命の出会いから、英国暮らしへ

帰国直前の結婚話

そもそも美津子さんは、最初は英語留学先としてアメリカを希望していたが、母親の大反対にあい、親戚がいるということで英国に決めたという。日本の大学では英米文学を勉強していたが、それ自体はさほど好きではなく、アメリカ映画の翻訳をしてみたら英語が上達し、アメリカ英語に興味を持ったそうだ。

「大学卒業後は、モーターショーなどのコンパニオンをしてました。コンパニオンの仕事を通じて音楽関係の人と知り合いになって、『音楽関係の仕事に就こうかな、でも映画も好きだし』と、そこですごく考えたんですが…」

1989年、アメリカではなく英国に渡り、語学学校在籍中に、知り合いの紹介で旅行代理店でのアルバイトをスタートする。語学学校での留学期限が切れたら、日本に戻って就職をし、頑張ろうと考えていたところに、運命の出会いが。

「アルバイト中の旅行会社は日系で、日本人のお客さんが多いところでした。たまたま正社員が社員旅行に出かけていて、アルバイトの私たちが留守番をしていました。偶然そこにかかってきた電話から、電話の相手だったお客さんとなぜかみんなで遊びに行く、という話になってしまい…」

その電話の男性と実際に会い、帰国前の数週間であっというまに結婚話まで進んでしまったのだとか。運命の出会いというほかない。美津子さんの学生ビザが切れるということもあり、一度日本に帰国し、結婚して、再びご主人の職場のあるロンドンに戻ってきた。

美津子さんにインタビューの時にお会いしてはっとした。化粧っ気がほとんどないのに目を引くスレンダーな美人なのだ。学生時代の彼女を見て、ご主人が心を奪われたのも納得。モーターショーのコンパニオンだったというのも…。

ちなみにご主人は日本人だが永住権を持っていた。美津子さんいわく、ご主人は「帰国しない子女」。両親と渡英したのち、日本に戻った両親と離れて英国の学校に残り、こちらで就職したのだそうだ。

出産・育児後の再就職は困難だった

結婚後、ロンドンで仕事に就いた。

「日系の証券会社でした。当時はバブルの時代で、簡単に就職できました。永住権を持っている夫と結婚したのでビザも問題ありませんでしたし、正社員として採用されました。この時はリクルート会社を通しての就職でした」

その後1年ほど仕事をしたが、妊娠し、会社を辞める。91年と95年に出産し、再就職を考えるようになるまで10年のブランクができてしまい、就職活動が大変だったという。だいぶ手がかからなくなったとはいえ、まだ子どもが小学生で働ける時間が限られていたというのも理由のひとつ。

「就職活動をしようと思っても、どこにも相手にされなかったですね。相手にされていない、というのが伝わってくるんですよ。職種を選ばないで、収入を得るためだけだったら、何かあったかもしれません。日系の会社ということや、子どもといる時間帯みたいなものにこだわったりしなければ」

以前の就職の時は、日系のリクルート会社を通してスムーズに就職が決まったが、育児後に復帰を試みた時は、様子が違ったようだ。

「最初にリクルート会社に求人登録をするんですが、その時点で『どういう時間帯を希望ですか？　資格は何がありますか?』と聞かれて希望を伝えると、『ダメですね』とあっさり言われました。

事務系就職の手応えの悪さから、医療看護の仕事にも目を向けました。面接に行って、研修も受けたのですが、友達に『ナイチンゲール精神みたいなものがあるのか?』と聞かれて、『できるのだろうか?』と考え始めたら自信がなくなり、踏みとどまってしまいました」

偶然からスタートした、天職とも思える仕事

その後、意外な展開となる。「何かしら資格があったほうがいい、資格を取ろう」と思っていた美津子さんは、たまたま聞いていたラジオ番組で、ドライビング・インストラクター養成学校のコマーシャルを耳にした。「これだ！」と思った彼女はさっそく入学。

「この仕事は、めちゃくちゃ私に向いていたんです。見つけた瞬間に『これは楽しめるかもしれない』と。運転好きだし、道でマナー違反をしている他のドライバーを見ると、私、黙っていられないんですよ。『いつか殺されるからやめなよ』と友人から言われますが、必ず降りて文句を言わないと気がすまないんです。『なぜこの世にこんなに下手なドライバーがいるの？　なぜ、なぜ？』って（笑）。『もう、おまわりさんになるか、ドライビング・インストラクターになっていいドライバーを育てるしかないよね』って言っていたんですよね。でもポリスにはなれないし、ドライビング・インストラクターにもなれると思っていませんでしたが…」

英国ではインストラクターを養成する学校があり、それがビジネスになっているという。大手の4社くらいが競って生徒募集をしているのだ。美津子さんが入学したのは、BMSという、英国で一番大きいドライビング・スクールで、ライセンスをとりたい人に教えるだけでなくインストラクターも養成している。

「学校終了後、ほぼ100％仕事はあります」とうたっているのだという（BMSは街中にオフィスもあるので、事務員としての職の口もある）。

「インストラクターになるための試験*は三次試験までであります。二次試験に受かれば、仮免のようなものが出て車を使う仕事ができます。三次試験に合格して、やっと人に運転を教えられる正規のインストラクターになれるのです」

運転がスタンダードレベルに達していない人は、二次試験で落ちてしまったりもするそうだ。

＊一次試験・筆記、二次試験・運転試験、三次試験・教習試験。筆記試験に受かった日から2年以内に全てに合格しなければならない。二次、三次ともに、再試験は三度まで。教習試験では、試験官が生徒役になり1時間のレッスンをして、それが判断される。美津子さんは一度目のトライで検定に合格したが、三次試験のハードルが高く、プレッシャーで円形脱毛症になってしまったそうだ。また、美津子さんの場合、インストラクターになるまでにかかった費用は当時で約2300ポンド（約45～46万円）だったそうだ。

独立して、フリーのインストラクターに

検定試験に合格後、美津子さんはBMSに所属してインストラクターとして働き、その後独立。所属時は、フランチャイズの形で会社へ登録料を支払い、スクールの車を使うのでその使用料もかかっていたが、そのかわり生徒を回してもらえるという仕組み。独立すると、登録料・使用料はいらなくなるが、当

然生徒は自分で見つけなくてはならない。

彼女の場合、会社に所属している時に受け持った生徒さんから新たな生徒さんを紹介され、口コミで次に繋がるというパターンが多かったようだ。ロンドンでは日系のフリーペーパーに広告を出したりもしたが、彼女が教えるのはマニュアル車。日本人で運転を習いたいという人はたいていオートマ車を望むので、日本人の生徒さんは全体の一割程度だ。

「自宅がオフィスで、そこで予約を受けています。自宅の近くに運転免許の試験場があるので、その周りでレッスンをするのが基本ですが、生徒さんの希望の場所に行くこともあります。現在、生徒さんは常時20人くらいいて、週に40時間ほど教えていますが、これはＢＭＳで教えていた時とほとんど変わりません。本当は週に25時間くらいにしたいんですが」

と、なかなかの盛況ぶりのようだ。自営にしてから、教習車をお気に入りの〝ミニクーパー〟にして、レッスン時間も自分の予定にあわせて組めるので、ますます仕事が楽しくなったそうだ。

英国で日本人のドライビング・インストラクターはめずらしい。しかし、彼女の運転に対する真剣な姿勢と、意外にも女性であることのメリットが活かされた仕事なのだ。女性であることについてのメリットとしては

「ハンドルさばきを手伝う時などによくある話ですが、男性インストラクターがまちがって女性の手にでも触れたら大事件にもなりかねない今日この頃。でも、女性インストラクターの私が同じことを男女ど

ちらの生徒さんにしてもとがめられることはまずないから安心していいよと、会社時代のマネージャーに言われたことがあります。また、特に女性の生徒さんは、親の希望もあり女性インストラクターを好む傾向にあります」

もちろん難しい生徒さんがいないわけではない。自分が上達しないのを美津子さんのせいにする人。50代ぐらいの年配の人は、やはり反応が遅くなってしまい他の人に比べて覚えが悪いそう。また、英国人以外の生徒さんも多く、外国から来た人の中には、どんな状況でも方向指示器を出して行きたい方向に行ってしまおうとする、驚くような人もいたという。

それでも、いろいろなバックグラウンドの人と知り合えることも楽しいと感じている。美津子さんは昔から運転自体が大好きで、レースを見るのも大好き。息子の名前をセナ（カーレーサーのアイルトン・セナからとった）と名づけたほどだというから、どれほど好きなのか想像がつく。この仕事はまさに天職なのだと本人も感じている。

「私の1時間のレッスン料は現在24ポンド、個人差があるので何とも言えませんが、調査によると、英国では運転免許を取得するまでに平均40時間のレッスンを受けるそうです。

私の教えた全くの初心者の生徒さんの中で、取得までの最短時間はなんと14時間（女性）。最長時間は、悲しくなるから数えるのをやめたいくらい長くかかった生徒さんがいました。それは50代の男性で、ほぼ1年くらいお付き合いしましたね」

英国女性の結婚・離婚

男性に不利に思える英国の離婚事情

美津子さんの仕事に理解のあるご主人と、ふたりのお子さん、そして愛犬と暮らす日々。彼女はロンドン郊外の英国人コミュニティで暮らしているので、英国人の友達が多いという。そういった生活者としての視点から、英国人の結婚観についても思うところがある。

「こちらでは、子どもができても結婚しない人が多いです。理由はよくわからないのですが、特にキャリアのある人に多い。結婚していなくても、出産の届出に父親の欄があるので、子どもが父親の姓を名乗って、お母さんとは違う姓というのもあります。それから一定の期間、2年とか3年とか相手の男性と住んでいたら、相手が亡くなった時とか、別れる時は、財産分与などもできるみたいですよ」

また、離婚については、日本ではまだ夫からきちんとした額の養育費などを受け取ることができないケースも多く、シングルマザー家庭への公的な保障もたいした額とは思えないが、そのあたりは英国は法的にも整っているようだ。

「英国でかわいそうなのは、離婚された旦那さんたち。財産のほとんどを養育費としてもっていかれるケースが多い。実は、私のまわりでは、離婚の理由は奥さんの浮気が多いんですよ。女性側は自分が浮気しているのに子どもは取るし、家は取るし、さらに養育費も取るというケースが多く、案外ハッピーなんですよ。旦那さんはいままでと同じ収入で、奥さんに追い出されて、小さいところに住んで。それでも子どもを1週間か2週間に一度呼ばないといけない（離婚時にそう取り決めることが多いようだ）から、ある程度の広さのフラットは必要ですし。私の知る限り、この国では離婚や別居をすることは、男性にとっては不利で女性の方が有利に思えます」

もちろん、そうではないケースもあるだろうが、こういった話が多いようだ。また、こんなケースも。

「私の友達が結婚しないで子どもを産み、ボーイフレンドが他にガールフレンドを作っちゃって別れたんです。けれど、子どもに対しての責任感は日本の男性より強いですね。たいていの人は、必ず会いに行ってますし、会いたいんです。その友達は子どもとウェールズに住んでいるのですが、子どもの父親は隔週ごとにロンドンからウェールズに会いに行ったり、迎えに行ってるんです（ロンドン・ウェールズ間は東京・大阪間以上の距離）。娘が父親のところに泊まりに行くこともあり、そこには新しい彼女がいるんですが、その彼女も娘に変な態度を取ったらボーイフレンド、ガールフレンドの関係がなくなっちゃうってわかっていることもあり、娘を大切にしています。たぶんそれは、日本にはないものですよね」

犬好きにはぴったりの、英国暮らし

美津子さんは、1日ぽっかりと休みが取れたら、犬と遠出して、森などを一日歩いたり、サイクリングしたり…という過ごし方をするという。

「朝から仕事が入っている時は5時起きして公園に散歩に行くんです。がらんとした公園を想像して行くとどんでもない。早朝から犬の散歩に来ている人がいっぱいいるんです。冬も嵐の時も。なんかおかしい感じもしますが、それが普通になっています。しつけもよく、ほとんどの犬がほえない。周囲には公園や森がいたるところにあって、鎖を外して走り回らせることができます」

美津子さんの愛犬トフィー。自宅の周辺には公園や森があり、犬には最適の環境だそうだ

人間の医療については、無料であっても診療してもらうまで時間がかかったり、診療内容に不満があったりするという美津子さんだが、愛犬は保険に加入していて、何かあればすぐに病院に連れて行くし、動物の医療はプライベート診療なので、予約をしてすぐみてもらえる。ペットホテルも数匹一緒の部屋だが、日本のように狭くなく4畳半ほどあるのだとか。

「仲のいい飼い主と暮らす犬たちにとっては、この国は天国です」と、美津子さんは言う。

どの国で暮らしても…

「日本での生活と現在とでは、どちらが充実感を感じているか」と美津子さんに聞いてみた。そして、英国暮らしを考える人へのアドバイスをもらった。

「日本にいた時はまだ若くひとり身で、人生ただ楽しければいいと思っていましたが、今は子ども2人の母として、また、運転免許を取ろうと頑張っている生徒さんへの責任があり、背負っているものが多い。でも英国での生活が日本より上ということではありません。世界中どこで暮らしても、結局やることは同じですよね。寝て、起きて、食べて、労働して、人と接して…。

英国は、税金は高い、変わった人はたくさんいる、道は汚い、電車は時間通りに来ない、医療システムが信用できず病気にもなれないなど、日本よりも悪いところを挙げだしたらきりがありません。

ただ、何か志を持って、こちらでの生活を希望されて来るのだったら、夢を実現できるよう自分の納得がいくまで頑張ってください。努力は必ず結果として現れると私は信じています」

COLUMN

ボランティアとチャリティ

英国というのはボランティア活動が盛ん。この本でインタビューを受けてくれた方の中にもボランティアに参加している人が何人かいる。

英国留学を考えた人なら、“ボランティア留学”というのも耳にしたことがあるかもしれない。無給、あるいはお小遣い程度のお金をもらい、ボランティアスタッフとして現地で老人介護や身障者のケアを行いながら、語学学校に通うというものだ。

動物愛護団体が多い英国。捨て犬や捨て猫などを保護する施設があるが、そこで働く職員の何割かは動物好きや、その活動に賛同したボランティア・スタッフだ。動物愛護活動の資金を得るためにチャリティショップというものもある。チャリティショップでは、自宅で使わなくなった食器や、洋服、本などを寄付によって集め、それを低価格で販売する。ショップのスタッフもボランティアだから、売上は店のテナント料や光熱費などの実費を引いたものが活動に使われる。

このチャリティショップ、動物愛護団体だけでなく、たとえば癌やエイズ、難病患者のためのものとか、ホームレスのため、発展途上国のためなど、さまざまなものがある。チャリティショップの商品はどれも似たり寄ったりだが、もともと寄付されたものであり、価格が安いこと、さらにそれが慈善事業に役立つということもあり、人気だ。地域によってはチャリティショップが街のメインストリートにあったり、目的が異なるチャリティショップが仲良く並んでいたりなどということも。

それぞれの団体の考えに賛同したら、というのもあるが、地域の人と知り合うためにチャリティ団体でボランティアとしてお手伝いをする、というのが語学上達のひとつの手だと言う人もいる。自分の興味のある団体で何か協力したい、ということであれば、そこで知り合う人と共通の話題で親しくなれる。また、無理しない程度に、楽しくというのがこちらのボランティアには多い。チャリティショップのスタッフになるのも、週1日だけというのも相談で可能。英国らしい文化のひとつ、ボランティア活動に参加してみるのもいいのでは。

動物愛護団体のひとつ、PDSAのチャリティショップ。飼い主に金銭的余裕がなくても、ケガや病気のペットに無料診療を施すことが目的の団体だ。

英国でスピリチュアルに暮らす

シュネック・みちこ さん

ヒーラー（ヒーリングサロンオーナー）

ロンドン在住／英国生活8年／30代

【みちこさんのHP】
http://members.aol.com:/nu2meg/index.htm

みちこさんは、大学で社会福祉を学び、渡英前は障害者福祉関係の仕事をしていた。その後1年ほど世界放浪の旅に出たが、旅行前に日本で知り合った英国人のローレンスさん（現在の夫）も何ヶ月か彼女の旅に同行。その後ひとりで旅を続けた後、恋人・ローレンスさんのいる英国へ入国しようとした際、入国管理局でトラブルに巻き込まれ、入国拒否に遭ってしまう。彼に英国で会うためには結婚するという選択肢しかないという状況になってしまった結果、それを機に結婚を決意。さらなる旅行の後、いったん日本に帰国し、婚約者ビザを取得後、無事英国に入国。

英国ではロンドンに住む。日系企業のＯＬ、知的障害者ケアの仕事を経て、ヒーラーの資格を取得し、自宅にヒーリングルームをオープン。現在は子育てをしながら、ヒーリング、タロットなどを行っている。

＊ヒーラー
ヒーリングを行う人。みちこさんの場合、ヒーリングとは心、肉体、精神（自分らしさ）のバランスを取り戻すこと。ヒーリングのセッションでは、ヒーリングを受ける人のもつ自己治癒力を活性化し、崩れたバランスを取り戻せるように、作業を手伝うことだという。詳細は彼女のＨＰ参照。

いくつかの仕事を経て

日系企業のOLから知的障害者サポート

1998年に婚約者ビザで英国に入国し、同じ年に結婚したみちこさん。英国で初めての仕事は、日系のリクルート会社を通して見つけた商社系の事務職。英国という土地に住むことで、英語力はスキルにもならないし、それなら日本語を特技として仕事をする方がいいだろうという気持ちだったそう。しかし、この仕事は半年で辞めてしまう。その理由について彼女は言う。

「つまらなかったというのが本音です。日本人が多くて変な日本人らしさの残った職場でした。英国暮らしのスタートとして、日本人の仲間ができたということは良かったのですが、OL仕事は自分の肌に合わないと実感しました。やっぱり生活の大部分を占める仕事なのだから、ただ単にお金を稼ぐためというのは、自分には向いていなかったんです」

その後、彼女が見つけたのは、知的障害者サポートの仕事。現地の新聞を見て応募して得た仕事だった。

日本の大学では社会福祉を専攻。社会福祉士・保育士の資格もあり、福祉関係のボランティアの経験もあるみちこさんにとっては、OLよりなじみもあり、ずっとやりがいのある仕事となったようだ。また、現地での仕事に就いたことで、それまで〝小さな日本人社会〟にいたということにも気づいたと言う。採用についても、ビザ問題を結婚でクリアしている彼女にとっては、

「語学力さえあれば問題なしという感じでした。同じように応募した英国人と日本人でどちらが優先ということはないと思います。英国での雇用均等法のようなものがあり、出身国に対する差別はありませんでした。もちろんスキルがあれば、それにこしたことはないと思いますが、当時は資格も特に問われませんでした。英国の仕事探しでは、応募の書類でいかに自分を表現するかということが一番の難関かもしれません」

仕事が決まった後、初めの3ヶ月は試用期間。金銭的には正規雇用者と同じ扱いであるけれども、その間は保険などが受けられず、適切な人材でないと判断されれば簡単に解雇できるというもので、一般の会社でも同じらしい。仕事はシフト制だったが、かえって自由になる時間もつくりやすく、彼女には都合が良かったという。

その仕事の内容はというと、

「少人数制の自立援助ホームで、知的障害者の日常生活などのサポートをするというものでした。軽度の知的障害者であったこともあって、自分らしさを活かしたクリエイティブな活動ができたと思います」

この仕事を通して、彼女が感じたことというのは…

「"日本人は良く働く"ということ（笑）。働かない同僚には苦労したものの、学ぶことも多かったです。言語や文化を超えて、人のサポートをする仕事は、小さな信頼感の積み重ねによるものが多く、この仕事に就いていた4年間に、援助ホームの利用者がそれぞれ潜在能力を引き出して成長していった姿を見守れたことは、大きな喜びになりました」

英国で資格を取り、ヒーラーになる

初めに就職した日系の会社を辞めた後に、心身のバランスを崩したというみちこさん。そのときに出会ったのがフラワー・レメディ（花を使った民間治療薬のようなもの。ドラッグストアや自然食品店などで取り扱っており、英国では浸透している。日本にも利用者がいる）だった。その効果とパワーに驚き、すんなりと見えない力の世界に足を踏み入れることになったという。

「レメディを口にし、心がふわーっと広がっていく感覚を体感した時に、自分自身が自然の一部であると気がついたんです」

そうして、スピリチュアル*な生き方をスタートすることになった。

「英国では、地域の小さな図書館ですら、スピリチュアルな本が多く並んでいるんです。それまでは英語で本を読むなんておっくうだと思っていたのに、いつの間にかかなりの本を読み漁ってしまいました」

そしてカレッジにも通い始め、スピリチュアル・ヒーリング（心と体とスピリチュアルな存在としての自分のバランスを整え、自然治癒力を高めるというもの）のヒーラー資格を取得。自宅でヒーリング・ルームを開業した。

「私が通っていたのはThe College Of Psychic Studiesというところです。ここに2年通ってヒーラー認定コースを履修し、**Confederation of Healing Organisations**（ヒーリング協会連盟）の認定ヒーラーとなりました。英国では、こういった資格がないと開業できません。また、私はタロット・リーディングもヒーリングに取り入れています。タロットは資格は必要ではないけれども、一応プロフェッショナル養成のコースがあり、こちらにも1年ほど通いました。タロットは、自分自身をちょっと違う角度から見てみることで〝気づき〟があるんです」

ヒーリングのお手伝いをしてくれるという（?）、愛猫のナツメグちゃん

１２０年の歴史があるというこのカレッジには、他にもサイキック・ディベロップメントのクラスがたくさんあるという。日本語に訳すと超能力養成クラス。人の持っている小物からその人の体調などを読んだり、ご先祖様やガイドがメッセージを持ってきたり、はたまたトランス状態になったりという内容の

クラスが、そこでは普通に行われているらしい。日本人にはあまり知られていないかもしれないが、英国ではポピュラーなものとして、アロマテラピーやリフレクソロジー以外にもスピリチュアルなもの、ナチュラルな力について学ぶ場が多いようだ。

現在は、育児の合間に

みちこさんのヒーリング・セッションとは、ヒーリングを受ける人の持つ自己治癒力を活性化し、崩れたバランスを取り戻せるように、作業を手伝うことだという。

ヒーリング・セッションでは、カウンセリングの後、おしゃべりやメディテーションをしてリラックスさせ、タロットカードやダウジング*を用いたりしながら不調の原因を探り、その人に合ったやり方を見つける。そして足をゆったりと触ることから始まり、軽く体にタッチしながら、全身のエネルギー・バランスを整えていく。マッサージのように直接的にコリを緩和するのではないが、深くリラックスする中、寝てしまう人も多いそう。

彼女のセッションは余裕をもって時間を取っているため、1日に何人もみることができず、予約制となっている。また、日本の一般的なアロマテラピー・マッサージなどに比べてもかなり良心的な料金設定だから、ビジネスという点では少々厳しい。

「自宅でできるという自営である自由さは魅力的です。経済的には主人のサポートがあって成り立つという仕事なので(笑)、そうさせてもらえることに感謝しています」

ヒーリング・ルームをオープンしたみちこさんだが、その約1年半後に長女が誕生した。

「子育てがあるので、今はヒーリングはほぼ育児休暇中という感じです。ヒーリング・セッションは、週末のみ予約を取ってやっています。また、タロット・リーディングは随時メールで受け付けています。将来的には子育てもサポートできるようなヒーラーとして成長していきたいですね」

＊スピリチュアル、スピリチュアリズム
　スピリチュアルとは、直訳すると、霊的なもの、精神的なものをさす。スピリチュアリズムとは、人間の存在は、物質的な肉体と心という感情からのみならず、霊的な存在をも含むものであるという考え。魂は永遠であり、この世のありとあらゆる出来事は、善悪の区別なく、魂としての成長のために起こっていると捉える。

＊ダウジング
　振り子やロッドというツールを使いながら、見えないエネルギーを測ったり、見つけたりすること。昔も、そして現在でも一部地域ではこの方法を用いて井戸を掘る場所（水脈）を探し当てたりする。

暮らしの安全と健康

暮らしも自然派

自然や花のパワーを取り入れたヒーリングを行うみちこさん。趣味のひとつはガーデニングだというし、お子さんの名前も花にゆかりのあるポピーちゃんという。また、食事にも気を使い、オーガニック・フードを中心にしたナチュラル志向。

「ロンドンでは、日本にいるときより食生活が日本的になり玄米食を楽しんでいます。圧力鍋で炊いた玄米は食べつけると本当においしいですよ。英国ではお米が意外に安いのでオーガニック玄米を心おきなく頂いています。ロンドンにはオーガニック食材を扱う自然食品の店は多いし、オーガニックの食材だけを使った料理を出すパブもあるんですよ」

英国の医療

体調が悪い時も、なるべく自然な形で治したいからケミカルなものは控えて、日常的にフラワー・レメディなどを用い、セルフヒーリングするという。

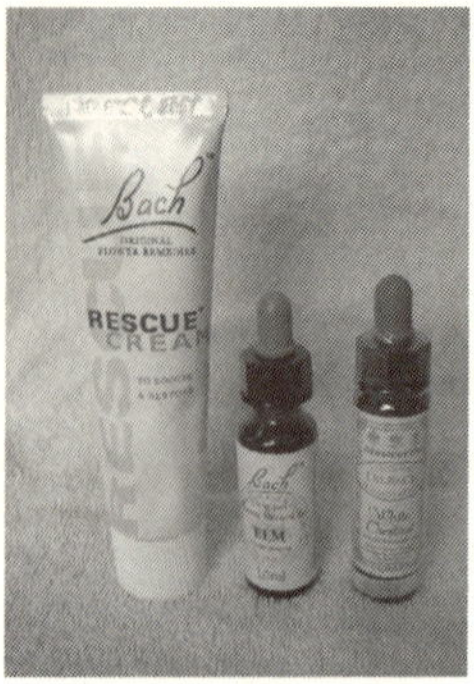

英国ではポピュラーなフラワー・レメディ。液体、スプレー、クリームがある。

「体調が悪いというのは、自分がどこかで無理をしていてバランスを崩している証拠ですから、薬で抑えるよりも滞った部分を癒してあげることで健康を取り戻します。英国には一般の薬局でも、オータナティブ（代替）やコンプリメンタリー（補完）医療のレメディを多く扱っています。レメディや自然化粧品などだけを扱うお店も多いのがうれしいですね」

それでもやはり、急を要する時など病院に頼ることもあるわけだが、英国の医療システムには、一長一短あり。英国では医療費はＮＨＳ（National Health Service　国民健康保険）でまかなわれ、基本的に無料。それだけを取ってみると素晴らしいのだけれど、

「病院は日本と全然システムが違って、基本的にはＧＰ（かかりつけの一般医）を通します。急にお腹が痛くなってどうしてもすぐ診てもらいたいという時などは、病院の救急治療室へ飛び込むことも可能ですが、一般的にすごく待たされます。救急車を呼んでも救急車自体が遅かったり、病院に着いてもそこから数時間待ちなんてこともよくあります。主人が前に、サイクリング中に事故に遭い、病院へ行ったら4時間待ちだったことがありますが、そんなの当たり前って感じなんです。パッと見て心臓が止まりそうな人だったら、さすがに先に見てもらえると思いますけど（笑）」

もちろん、全てがそうではなく、健康保険の効かないプライベート診療をしてくれる病院もないわけ

ではない。

「プライベートのクリニックに行けばすぐ診てもらえますが、それこそ30分で数百ポンドみたいな金額です。差がすごく大きくて中間がないのは、歯科や教育においても同じ。うちの母がロンドンに来た時に、インフルエンザにかかったんですが、日系のプライベートの医者に診てもらったら、240ポンドくらいかかりました（旅行保険に入っていなければ、日本円で5万円ほど自腹で払うことになる）。保険に入っていたおかげでに、丁寧に検査され、点滴まで打ってくれたらしいですけど。

とはいっても、NHSも一概に悪くはないと思うんです。貧しい人だって医療にかかれるし、一日専門医に見てもらえるようになれば、エキスパートはたくさんいます。それに補完医療の面でもオープンなところがあって、NHSで働くヒーラーもいます。

病気は日常生活の疲れがツケになって出てきたという証拠なので、安易に薬を飲んで疲れや無理を溜め込まない日常のケアこそが、これからは求められているのかもしれません。そういえば、英国のGPでは『薬をくれない』と嘆く日本の方が多いそうですが、それは私たち補完医療に関わっている者の目から見れば、日本人が薬に頼りすぎなんですね。そう考えれば、英国の医療も捨てたモンじゃないのかもしれません（笑）」

暮らしの安全を守るには？

みちこさんは自宅が空き巣被害に遭ったことがあるという。

「戸締まりをきちんとしていなかった時のことです。幸い保険に入っていたので損失分は戻ってきましたけど。うちにはありませんが、防犯アラームをつけている家もたくさんあります。でも入られる時は入られますからね。セキュリティ費用も安くないし、アラームはしょっちゅうあちこちで鳴ってるから、あまりドキッとしないかもしれません。カムフラージュ用につけている人もいますが、プロの目はごまかせないみたいですね。でも、私はどちらかというと空き巣より、道を歩いている時を心配した方がいいと思います」

女性のひとり歩き。それも日本人はスリに目をつけられやすいという。

「日本人だとすぐわかる格好をしていると狙われやすいといいます。私もスリに遭ったことがありますけど、その時は肩にかけるバッグでファスナーが開いていたんです。バスに乗っていて揺れた時に、妙な形でぶつかられてその瞬間にすられていたんですね。そういう手口はすごく多いみたいですよ。その時はOLだったんでキレイな格好をしていて、向こうは『金を持っていそうな日本人』と思ったんでしょうね。

それ以降、必ず財布はバッグの口の近くには入れないで底の方に入れるなど、当たり前ですがちょっと注意をしています。

よく、地下鉄の駅などで『スリに注意』ってポスターを見るんですけど、それを見るとついつい財布があるか確かめたくなりますよね。でも、それをスリが逆手に取ってその様子を見ていて、確認しているらしいです。

防犯ベルは持ってましたが、やはり変な時間に歩かないとか、ヤバそうな人が来たら道を変えるとか、勘に従うべきですね。『ヤバそう』と思ったら逃げる。それでも遭ってしまったら、絶対抵抗せず財布を渡して犯人を逃げさせないとダメです。〝オドオドしない〟というのも防御策ですね。過度の心配はかえって災難を引き起こしますから」

楽しいこと、自由なこと、そして…

「英国暮らしで楽しいのは、常にいろんな価値観の人がいるという、マルチカルチュアルなところ。また、いい加減な人が多いのですが、これはストレスにもなるけれど、イージーに生きることも大切だと思えてくるのでいいと思う。あまりにもひどいので、些細なことで怒る方が負けということが多いです(笑)。それから、この国はなんでもあり…といった自由さがいいですね。服だって、化粧だって、日本にいると常にまわりを意識している感じだけれど、真夏にコートを着ていようが、真冬にノースリーブで歩いていようが、みんなお構いなし。良くも悪くも、お互いを干渉しない部分は、気楽だと思います。

身近な家族が近所にいないことは、子育てをしていて初めて大変だと感じ始めましたけれど、今はインターネットで日本の友達や家族とも近い存在でいられるので、特に不自由にも感じません。それに、日本人と結婚していたら、主人の子育て参加をここまで期待はしないと思います。期待するからイライラすることもありますけどね（笑）あと、"家のしきたり"みたいなものにこだわらなくてもいいのは、楽なのかも。『私は日本人だから…』と不都合な時は逃げ道があるし。違うのが当然であるというベースはいろんな意味で楽です」

みちこさんは、永住目的ではないものの、現在イタリアへの移住も検討中とか。理由はもう一度旅人時代のように自由な身に戻りたいから。娘が学校で忙しくなる前に、親子でのんびりした日々を過ごしたいと考えているそう。

「私自身は特に"英国"にこだわってここに住んでいるわけではないのだけれど、どこに住んでも"いいところ"を注目していければ良いと思う。国際結婚しても"共通点"を見つけることに楽しさを見出せば、"異なる点"を見つめてイライラするよりも楽に生きられるますから。同じ限られた時間であるなら、楽しく過ごす方が良いですもんね。一生懸命に人生をコントロールする生き方もたくましいけれど、時には流されながら、いろいろなものを吸収していきたいです」

再婚、気がついたら西洋民宿のオーナー

アヤコ・ガタリッジ さん

B&Bオーナー

スコットランド在住／英国生活9年／50代

【アヤコさんのB&B“あじさい”のHP】
http://www.geocities.co.jp/SilkRoad-Desert/9210/

日本で知り合い、結婚を前提にアプローチをしてきた男性は英国人。その時は日本人と結婚していたアヤコさんだったが、結婚生活は順風満帆という状態ではなかった。やがて、その英国人、マイケルさんと結婚することになった彼女だが、渡英先が英国の北の北、ネス湖があることで知られるスコットランドのインバネスだったということは、後から知ったのだそう。

渡英前にできた英会話は簡単な日常会話程度で、結婚前はずっと専業主婦だったアヤコさん。現在は、現地の暮らしに溶け込み、英国以外、英語圏でない人たちも泊まるB&B（西洋民宿）を切り盛りしている。日本食レストランもないインバネスで和食が食べられ、日本人のオーナーがいるめずらしいB&Bとして、口コミでその存在が知られるようになり、『地球の歩き方』にも紹介されるようになった。もちろん日本人だけでなく、世界各国から観光客が訪れる。

自宅の空き部屋で始められるビジネス

英国人の夫と結婚して9年目のアヤコさん。現在はガイドブックにも紹介されるほどになったB&B（P214参照）と呼ばれる、いわゆる西洋民宿を切り盛りしている。日本でいう民宿のような宿泊施設は、観光客の多い土地ではニーズのあるビジネスだ。自宅に来客用のベッドルームがあったり、子どもが成長して家を出た後に空いた部屋を、旅行客などに安い料金で提供するもの。なかなか就職が難しいと言われる英国暮らしでも、こういった仕事は人付き合いや家事が得意な人ならば、割とスムーズに始められる。

アヤコさんのB&Bは、スコットランドの北、インバネスではめずらしい存在。部屋数は3つと少ないが、朝食に和食が食べられること、ジャパニーズ・テイストのインテリアであることなども口コミで広がった。日本人にはもちろんのこと、ベジタリアンの旅行者にも評判だという。また、庭にシャワー・トイレ付の茶室風コテージを作り、"ジャパニーズ・ティーハウス"と名付けたところ、地元新聞の記事に載るなど話題になり、こちらも人気を集めている。

インバネスといえば、ネッシーで有名な観光地

そもそもアヤコさんは、なぜこの仕事を始めることになったのだろう。

「5年前、夫の娘がグラスゴーに住むことになり部屋が空いたので、B&Bをやってもいいかなと思い始めたからです。まだスコットランドに来たばかりで、私が日本語を話したくて仕方なかったんです」

英国の北の端インバネスでは、日本のようにちょっと英会話学校に行って英語を話すというのとは違って、24時間地元の人の中にいて日本語が全然話せなかったのだそう。考えてみたら当然のことだが、これは本人にとっては驚く経験だったのだという。

ネッシーで知られるインバネスに、夏の観光シーズンになると日本人らしき人たちがやって来るのに気づいたアヤコさん。彼らの話す日本語が聞こえてくると、すいよせられて「日本の方ですね？　お話ししてもよろしいですか？」と声をかけてしまったそうだ。

「危ない人だと思ってすーっと逃げちゃう人もいましたが、半分ぐらいの確率でお茶を飲みに来てくださった人もいました。『だったら、日本人に泊まってもらおうじゃないか』ということになって。日本語も話せるし、日本人で『スコットランドの食事はおいしくない。日本食が食べたい』というお客さんもいるし」

そこで、和食を出す、インバネスでは非常にユニークなB&Bをスタート。スタート当初はありあわせのものでやっていたというが、現在は手作りの塩鮭を作ったり、味噌を仕込んで自家製味噌汁を出したりもしている。B&Bの仕事は主にアヤコさんが中心ではあるが、ソーシャルワーカーをしているマイケルさんも時間があれば彼女をフォローするし、宿泊客から和食以外の朝食のリクエストがある時は彼が作る。B&Bで必要なものを買出しに行く時はたいてい一緒だ。部屋数は少なく、ホテルのようなサービスはしないというものの、1日の生活サイクルはなかなかハード。特に観光客の多い夏は忙しい。

「食事の後もお掃除をしたり、チェックアウトした人のベッドメイキング、後片付け、夕食の買い物など(B&Bではあるが、お客さんの希望によって夕食を出すため)。買い物も、卸しの魚屋さん、スーパーマーケットと数ヵ所回るので、けっこう大変。満室でお断りすることもあります。お客さんが少なくなるのは9月からですね」

また、世話好きで相談にも気軽にのるアヤコさんなので、一息ついている時間帯にお客さんとのおしゃべりに呼ばれたり、記念撮影に応じたり、翌朝の準備をする暇もなく大忙し。そんな夏の疲れを癒すように、お客さんの少ない冬場は休みをとって、旅行に行ったり日本に帰省したりしているそうだ。

世界各国の人と知り合える、B&Bという職場

日本人のお客さんも多いというが、もちろん世界各国からさまざまなお客さんがやって来る。B&B

を経営していると、それだけで外国人と出会うチャンスが多い。そして、エピソードにも事欠かない。

「英国や日本以外のお客さんもとても多いですね。全部旅行者ですけど、何年も縁が続いているドイツ人とポルトガル人もいて、遊びに行こうかと思っています。そして、スウェーデン人。クレジットカードを持って来るのを忘れてお金がなくてパニックになった時、カードが送られて来るまで宿泊を無料にして、夕飯も出してあげたんです。そうしたらすごく仲良くなって」

その反面、泊めたお客さんが外出すると言ったまま戻らず無銭宿泊され、後日、宿の合鍵を使って泥棒に入られたという怖い経験もした。また、メールで予約をして来るお客さんがメールと実際で人柄が違うのにも戸惑ったそうだ。

「メールではほがらかで、『〇〇でーす！　行っちゃいまーす！』なんて人でも、来ると暗～い感じだったり。それは事前にはわからないですよ」

それでもこの仕事をやっていて、良かったと思うことは多いと言う。この仕事をしていたおかげで、出会えた人、友だちになれた人がいるからだ。それに、

「私はただの主婦で、レストランをやっていたわけでもないのに、食事を出すと『とってもおいしい』と、たいていの人は言ってくれます。そう言ってくださる時、そしていい人間関係が築き始められる時、お客さん同士が楽しそうにしゃべっているのを見ている時は、この仕事をしていて良かったと思います」

英国暮らしのスタートと、英語生活

再婚のため、日本語環境のないインバネスへ

現在はB&Bの仕事もプライベートも順調なアヤコさんだが、渡英前後は彼女にもいろいろあった。離婚、再婚、渡英の中で精神的にも大変だったそうだ。それでも

「『離婚しなきゃ』っていう気持ちの方が強くて、『見知らぬ土地で不安だ』とか、他のことは考えませんでした。行った後で、『日本語を話す機会なんてないわね』って気づきました」

英語で日常会話はこなせるといっても、渡英当時はペラペラではない状態で苦労したはず。ご主人のマイケルさんから英語を学ぶということが、英語上達の大きな理由だったようだ。

「彼は、英語を外国人に教える資格も持っている人なので、私の英語をよく直すんです。最初の頃は私がお店に行って『こういうものはありませんか?』と聞くと、『それはそうじゃない』と言ってお店の中で正しい言葉に直すんです。その時は家に帰ってから本当に怒って『人前で直さないでよね』って。

だってそんなの馬鹿みたいでしょ。人前やお店で直されたら恥ずかしい。それで、『そういうのはやめて』と言って、やめてもらいましたが」

と、1日中がレッスンだったようだ。もちろん、学校にも通った。

「学校は、インバネスカレッジというところに半年くらい通いました。そこは公立学校で、大工さんやヘアドレッサーになりたい人向けのクラスもあるし、司書になりたい人向けのクラスもある専門学校みたいなところ。私が行ったのは、外国人のためのイングリッシュ・クラス。高卒や大学生から、おじいさんおばあさんまで入学できるところでした」

文法中心のレッスンはためになったし、ドイツ、チェコ、スペインなど各国の生徒と交流できるのは楽しかったそうだが、ご主人がマンツーマンの教師のような存在であることもあって、やめてしまった。

「日本では、先生を中心にみんなでしゃべるっていう感じでしょう。でもこっちでは、たとえばロシア人の生徒なんて、先生がしゃべっている時でも『私はここがわからない』と割り込む。みんなが『わかった』と言っても、『でも私はわからない、教えてくれ』と言うから、ひとりの対応に時間がかかる。私なんてイライラしちゃったんですが、そういうところが生徒もオープンで積極的でしたね」

そういう時、アヤコさん自身は違ったが、「日本人特有の引っ込み思案で自分の意見を言わない人は、多分入り込めない」と思ったそうだ。

「日本から英語を勉強しに来るなら、積極的な人がいいと思います。それと自分が何をしたいのかをはっきり持っている人。英語のクラスに行って、先生が『これについてどう思う?』と聞くと、どんなくだらないことでも日本以外の国の人たちは『私はこう思う』ってバンバン言うんですよ。そういう時、日本人は本当に意見を言わないんですよね。何で言わないのかというと、思っていることがないみたいなんです。あるいは癖なのかも。私は他の生徒がバンバン言っているので、『私も言おう』とするようにしたんですが。ある程度、自己表現というのをきちんとするということは大事だと思うんですよ。受身だけじゃなくて。

だからやっぱり、自分で何か考えてやる人がいいと思います。『なんだかわからないけど、英国に行けば英語が話せるようになる…。行けば何とかなる』はないと思います」

テレビで英語は学べるか

英語上達にテレビを見ろとすすめる人もいるが、彼女の場合はどうだったのだろう。

「ドキュメンタリーやニュースのほかにクイズなどのバラエティ番組もありますが、夫がバラエティ番組が大嫌いなんです。だから、まず一緒には見ないんですけれども、私は好きだから時々は見ます。クイズも憎たらしいことに全部英国の常識を元にしてやっているでしょう。だからそれも、『こんな単純なのがわからない』というのが悔しい。スラングとか言葉遊びみたいなものもすごく難しいですよ。

番組内で笑いがおきる時に一緒に笑えるようになったら本当にすごいものだと思います。今私は、数ヵ所笑えるようになったかな、というくらいです。それから私は欲張りだから、ニュースを見る時は、たとえば『トニー・ブレアがこう言った』というのは、はっきり、どういうふうに言ったのかちゃんと知りたいんです。だから『今なんて言ったの？』って夫に聞きます。内容的にわからないこと、微妙なニュアンスもいっぱいあるんですよね。ボキャブラリーだけピックアップしても、日常会話と違うから本当に難しい言葉を使うんですよ。もしかして受験英語をやっている人のほうが、こういうのは上手かもしれないですね」

クイズ番組を見ても、ニュースを見ても、わからないことはとにかく聞く、聞いて議論になって負けても会話する、そんな姿勢が彼女の英語の上達に役立っている。

生活習慣とこだわり

英国人男性との結婚に幻想を持たない

「英国人男性が必ずドアを開けてくれるというのは、力があるから。筋力も発達しているし」

と言うアヤコさん。英国には、ジェントルマンで家事に協力的な男性が多いというイメージがあるが、

「英国人でも食事を一切作らない人もいます。うちの夫はいろいろ仕事をするし、台所に入ってやることはすごくうれしいことだと思っているけど、そういうのを絶対やらないって人ももちろんいます」

やはり個人差はあるようだ。

「幻想を持たないほうがいいですね。日本人の英国人に対するイメージって、レディファーストで家事を分担してやってくれる…それは全てじゃないんだと。能力の問題もあるけれど、夫の方が料理を作るうちもある。妻よりもマシだと言って（笑）。うちの夫は家事全般を相当してくれる人だと思います。それと、彼は何をするのも私と一緒っていうふうにしたいんですよ。そういう人も割とめずらしいかも」

パートナーのマイケルさんは、お菓子まで手作りしてしまうほどの料理上手

英国人は女性も質実剛健

今の生活の上での日本との違いを、アヤコさんなりに感じることはいくつもあるという。ファッションしかり、生活習慣しかり。

「私がこちらの人に感じるのは、あまりオシャレをしないということですね。5年くらい付き合っている友人のひとりは、学校の先生なんです。外国にホリディにも行っているようなある程度生活レベルの高い家なんだけど、彼女は常にストライプのTシャツにジーンズ、スニーカー。また、1ヶ月に一度、バイオリン仲間とセッションをやっているんだけれど、その時私は『今日はこういう格好をしていこうかな』とか工夫しているんですが、それは私くらいでみんな大体同じ格好なんですよ。服装を変えていくのが恥ずかしくなっちゃうくらい。堅実に生きているんだなあ、って感じがするんです」

日本では高校生くらいからブランド品を持ったりするのがめずらしくないけれど…。

「こちらにももちろんチャラチャラした人もいるんですが、質実剛健の人が多いです。26歳の義理の娘を見ていても、友だちを連れて来たりすると、今流行りのブーツは買っても、普通のジーンズにTシャツ。それにブランド物を持っている人なんてまずいないですよ。『それは自分たちは買わないもの、若いうちは買わずに歳をとってから』と。私がひとり知っているオシャレな人は、イタリアのミラノ出身。その人はとても素敵で、立ち姿もなんでこんなに洒落ているんだろうと思うくらい。それでも彼女は『何年前のジャケットよ』って言っているくらい。さっきのオシャレをしない人たちというのもミドルクラス」

アヤコさんの目から見た、ミドルクラスというのは？

「クラス（階級分類）は、しゃべるとほぼわかります。教育にも、仕事にも、生き方にも出ます。ある程度の教育がないと、それなりの仕事につけなかったりもします。夫のお母さんはミドルクラスではなかったそうですが、マグカップは絶対に使わない。『ソーサーがないカップではお茶は飲まない。そんなのは下品』という考えでした。それが息子にも身についているので、うちではマグでは飲まないですね。それから洗濯物を外に干さない。夫のお母さんの時代の話で、私はやっちゃいますけど。あと、学があるけれど、派出なオシャレはしない。ブランド物で固める人はレベルが低いと思っている。そういうのがけっこう残っていますね。

私は英国は頑固な国だと思います。友だちと話をしていて、『英国って〝ボージョレー・ヌーヴォー解禁まであと何時間！〟とか騒いでる？』って聞いたら、『聞いたことない、そんなの』って言ってました。それと、典型的なミドルクラスは、夕食の前にシェリーを飲む。シェリーグラスをちゃんと用意して。こういった『いいな』と思う習慣はすぐ取り入れました。私が他に好きなのは、しない人もいますが、ハグや抱き合ってキスの習慣。日本に帰って来ると、『人にさわらない、距離をおかなきゃならない』と思うので、そういったものが恋しくなります」

もうひとつの英語へのアプローチ法

教会から始まった、仲間の輪

どうすれば英国人と親しくなれるのか？　アヤコさんはどうしたのだろうか。

「ロンドンは外国人だらけだから、勉強するならロンドンや大都市を避けることですね。また、仲間を探す場として、私はクリスチャンなので、教会へ行くといいと思います。暖かく迎えてくれるから。英語を覚えたいという下心があっても、とにかく行ってみればいいんですよ。ミサが終わった後、お茶を飲むことになっているので、そこについて行くと、『あなたは初めてですか？』って話しかけてくれるはず。パンフレットにもどうぞご自由にいらしてくださいと書かれているはずですから。もし話しかけてくれる人がいなくても、堂々とお茶を飲んで帰ってくればいいんです。『クリスチャンじゃない』と言っても、みんな『よく来た』って言ってくれると思いますよ。

また、アヤコさんは日本にいる時からバイオリンが趣味で、インバネスにもその仲間ができたが、知り合ったきっかけも教会だったという。

「インバネスではどんな先生がいるのかもわからなかった時、教会でバイオリンのコンサートがあって、その時に知り合ったのが今の私の先生なんです。コンサート後に、夫が演奏者に教えてくれるかどうか聞いてくれました。その人は『もうリタイヤしてるけどいいよ』と。それでレッスンに通うようになりました。2年くらい経ったら『ストリングオーケストラをやっているからよかったらおいで』と言われるようになり、その時一緒だった人たちと仲良くなりました。

その後オーケストラは解散してしまい、私はそれがつまらなくって、オーケストラ仲間の女性に『たまにはふたりで弾かない?』と誘ったら、『私もそれを望んでたのよ』ということになったんです。そこにまた人が入ってきて人数が増えました。今は私たちが日にちを決め、先生に電話すると、先生が来てくれる。教会というのは、そうやって人の輪を広げられる場になっているんです」

B&B

ベッド（BED）＆ブレックファースト（BREAKFAST）つまり、寝室と朝食を提供してくれる、西洋民宿のこと。

自宅に空き部屋があれば、そこを宿泊客用に改装し、一部屋からでも始められる宿。夏の観光シーズンのみオープンしている、というところもある。田舎だとシングルルームが20ポンド（4000円）前後とホテル代の高い英国では手ごろなので、最近は日本人観光客にも人気だ。

宿のオーナーの好みのインテリア、手入れされた庭を見たり、手作りのジャムや卵料理の並ぶ朝食も、田舎のゆったりしたB&Bの楽しみ。ただし、部屋に電話やバス・トイレがなく共用だったり、ホテルのようなルームサービスは基本的に行わない。まれに別途料金で夕食を出してくれるところもあるが、レストランやカフェは併設されていない。部屋に電気ポットとティーセットが置かれているので、自分でお茶をいれて飲んだりすることは可能。チェックインしたら、玄関と自室の部屋の鍵を受け取って自由行動となる。英国の一般家庭がかいま見られるような感じがあり、リビングルームでオーナーとおしゃべりしたりとアットホームだ。地元の穴場情報などを教えてもらうこともできる。

自宅を改装した宿なので一見普通の家のようだが、入り口に「B&B」と看板が出ていたりするし、窓際に「VACANCY」（空室あり）といった表示が出ていれば、飛び込みで交渉して宿泊可能。もちろん、駅などのインフォメーションで予約もできる。

ロンドンなどの大都市では、一般家庭の間貸しの民宿というのはかなり数が少ない。部屋数も多く、バス・トイレのついた小規模ビジネスホテルのような形になっているものが中心。そういったところでは朝食も、トーストに紅茶かコーヒーのみでセルフサービスという少々味気ないところも中にはある。

英国で自分の将来を考えた

平野倫子《ともこ》 さん

バイヤー・アシスタント

日本在住／英国生活6年／20代

高校時代に短期留学し、もともとブリティッシュ・ロック好きということもあって、高校卒業後、ロンドンの学校で学びたいと思っていた倫子さん。留学中にフォトグラファーのアシスタントをするという、特別な体験を持つ。

留学当初は「この職業に就きたいから、この学校に」という特別なビジョンがあったわけではなかったという。ところが、現地で仕事をする日本人女性フォトグラファーとの出会いによって、彼女に大きな変化が訪れる。将来の目標になるヒントがそこにあったのだ。

漠然とした仕事へのあこがれが、フォトグラファーのアシスタントを経験することで具体化した。語学学校に通っていた彼女だが、学校もメディア志向の生徒が集まるアートスクールを選び、入学準備をし直し、合格。写真だけでなく、メディア全般について学ぶ。在学中もアシスタントとして、英国ミュージシャンのステージ写真の撮影に携わる（作品は、日本の音楽雑誌に掲載）。ロンドンでのその出会いとアートスクールによって、自分の方向性が見えてきた。

留学生活と新しい出会い

英国音楽にあこがれ、高校卒業後に留学

「高校の夏休みに語学研修でロンドンに行ったことがありました。すごく東京に似ているところもあってロンドンが気に入り、卒業1ヶ月後に再びロンドンに戻り留学しました。一応、高校卒業後のアイディアみたいなものはいろいろふくらませてはいました。でも、一番大きかったのは、その当時（90年代）の英国の音楽がすごく好きだったということですね」

留学するにあたり、写真を学ぼうと初めから考えていたのだろうか。

「行く前は写真とは決めていませんでした。ただ、音楽に影響しているんですが、『THE FACE』や『DAZED&CONFUSED』といった英国のサブカルチャー雑誌があって、それがとても好きだったんです。その雑誌の編集長や主なスタッフが、LONDON COLLEGE OF PRINTINGという、今ではすごく有名になったアートスクールの卒業生でした。留学当時とても勢いがあり、もちろん音楽だけでなくサブカルチャー的なこともたくさん書いてあって、とてもおもしろい雑誌だったんです。しかも写真がすごく良くて、

クオリティが高く、気に入った写真を壁にバン！と貼れるような…そういう雑誌が日本にはあまりなかったので衝撃的でした。

それを見て、初めは雑誌のエディティングとかデザインをやりたいなと思っていました。でもやっぱり英語で物を書けるレベルにならなければいけないということで、語学学校に1年通ってから、次の年の9月にそのアートスクールに入学できればという感じでやっていたんです」

ところが、倫子さんは語学学校に通う生活はあまりエンジョイできなかった様子。

「初めはホームステイしていたんですけれども、あまり生活のペースが合わなかったので、自分でフラットを借りて住み始めました。

語学も英国に行った直後は高校レベルの英語なので、やっぱり言葉が出てこないんですよね。単語は頭に浮かんでも、言い回しが正しいかどうかわからない。ネイティブを目の前に話すのはすごく勇気のいることでした。だから、口に出してそういうコミュニケーションをとるのが一番つらかったですね。語学学校の他の学生はイタリア人やスイス人などが主で、その人たちともあまり合わなかったんです。

それでとりあえず学校に通いつつ、何か他のこともやりたいなと思ったときに、ちょうど日本人のフォトグラファー塚越さん（塚越みどりさん。在英のフォトグラファー&音楽ジャーナリスト）に出会いました。それもライブ会場で、偶然に」

フォトグラファー・アシスタントの仕事

最初の語学学校に入って3～4ヶ月経った頃のその出会いは、倫子さんの世界を広げていった。

「何かのバンドの撮影の時に、もし時間があったらお手伝いしてくれない?」と誘われ、「ミュージシャンに会えるんだったらいいかな」と手伝いを始めたそうだが、現場はとても刺激的だった。今まで取材に行ったロックミュージシャンは、有名どころではジャミロクワイ。他にイギリスのインディーズ系で、スーパーグラスやアッシュ。アイドル系ではロビー・ウィリアムスやウエストライフなど。どれも日本で熱狂的なファンがいるアーティストたちだ。

「その時にはまだカメラをやろうとは思っていなかったんですが、こういうチームワークみたいなことができればいいなと思って。それからもずっと塚越さんに良くしてもらっていたんです。同時期に**LONDON COLLEGE OF PRINTING**という学校に行きたいっていう意志がかたまり始めてきました。ただ、入学のためにはアートのいろいろな表現方法で作品を作らなければいけなかったんです。

テストなどはないんですが、面接と作品の提出が必要で、その時出せるものが何もなかったんです。当時はカメラも持っていなかったんですが、ちょうどそういう写真の仕事に携われたっていうことと、まわりにプロがいるということで自分のカメラを買って、写真を撮り始めました。ただ自分で撮っていても向上しないので、イブニングコースという地元の人が夜仕事の後に通うクラスに参加しました。それは英語を使っての普通の授業なので、初めはすごく大変でした。撮影の仕事を通して普通に英国人と話すチャンスをもらったり、ひとり暮らしでやむを得ず英語が身についたという感じです」

大好きなロック・ミュージックの世界で有名な、フォトグラファー&音楽ジャーナリストとの出会いとアシスタントの仕事。幸運な偶然が重なったが、それを活かすも無駄にするのも本人次第なのだ。

アートスクールで

充実した学校生活

念願かなって、アート系専門学校LONDON COLLEGE OF PRINTINGに入学した倫子さん。

「渡英1年後の1998年に入学しました。写真とジャーナリズムとフィルミング（映画の撮影）とアニメーションと…、メディアと言われることを全部が体験できるというお得なコースに入りました。今考えると恥ずかしいんですけれども、入学のための審査用の作品として、英国人が喜ぶような東京の下町の写真を提出しました。東京に戻って来て撮ったものとロンドンの景色と織り込んで、比較みたいな感じで。何のコンセプトもないものでした（笑）。物めずらしいものを集めようみたいな感じですね」

倫子さんはそんなふうに言うが、そこは厳しい目をもつ講師陣のいる学校であり、才能ある卒業生を送り出している実績から、入学も簡単ではないのは想像できる。学校の指導体制もしっかりしていた。

「本当はコースは9月からなんですけど、4月から海外アジア圏の生徒対象の英語学校がスタートするんです。それは語学学校とはちょっと違っていて、学校で勉強するための英語を習得するという、たとえばノートの取り方だったりとか、あとは意見の言い方とか、レポートの書き方とか、そういうのを集中的に教えてくれるコースが始まりました。やっぱりそれを受けてからですね、英語を使って何かをするっていう段階に行けたのは」

素晴らしい設備、各国からの生徒たち

倫子さんが選んだ学科、そしてこの学校ではどんなことを学んだのだろう。

「私が初めに選んだコースはファウンデーションコースといって、英国の高校生以上の人がアート全般を一年体験できるコースです。過程としては、そのコースで自分の方向性を見つけて、2年目から専門に進むという人が主なんです。アートの一般コースで体験できるのが、写真とフィルミングとアニメーショ

ンとジャーナリズムで、それを1年間で体験できるんですが、私はジャーナリズムと写真を選択しました。

2年目は写真の専門コースに進みました。私が取ったコースは即戦力になれるような、スタジオマンだったりとか、そういう現場で働けるようになるためのコース。たとえばファインアート（美術作品）みたいに写真で表現するってことよりは、『このカップを撮るには、どういうふうに撮る…』といったことを実践的にどんどんやっていくコースだったんですね。そのコースはすごく恵まれているコースで、学校の施設も素晴らしかったんです。スタジオもプロ並のしっかりしたものが完備されていましたし、機材のレンタルも充実していて、撮りたい物はなんでも撮れる状態で、ものすごくいい環境でした」

学生の年齢層や国籍は多様だったようだ。

「私のいた写真のコースに関して、ファウンデーションコースには若い子もいっぱいいたんですが、その次の段階のコースは本当にさまざまで、英国人だったら40歳近い方もいましたし。国籍で言えば、英国人がもちろん一番多いですけれども、その他にはスウェーデンとか北欧の生徒がすごく多かったですね。ヨーロッパの国の人はEU扱いで留学も就職も優先されるので、私たちEU圏外の人の十分の一くらいしか学費を払わなくていいんです。日本人はコース全体60～70人のうちの6～7人でした」

設備もよく、授業内容も充実した学校で、望めばさらに用意されている専門コースへ進めるのだが、学費の高さ（年100～200万円）もあって、倫子さんは2年でここを終了、別の学校へ。

「レベル的には少し落ちますが、ワークショップベースの『好きなことやりなさい』みたいな学校があり、そこに2年行きました。そして日本人だと学生ビザがないと滞在は難しいので、学生ビザを2年延ばして、その間にうんと働いてやろうと思いました」

ロンドンで仕事を探す

フォトグラファーとしての就職活動

ワークショップベースだったという学校の卒業後は、ロンドンで仕事を探した。フリーランスはリクルート会社などは関係ないので、フォトグラファーとして使ってもらえそうな出版社を自分で訪ねた。

「ちょっと特殊だと思うんですけれども、フォトグラファーは本当に写真さえよければ認められるというところがあるんです。だから作品があれば履歴書などを提出する必要は全くないんです」

倫子さんは、日本の音楽雑誌にUKやヨーロッパのライブ写真と記事を発表している塚越さんに師事したこともあり、ステージ写真が中心で他にはポートレイトを少々というスタンスだった。そのため塚越さん同様、雑誌を主体とした活動をしたいと考えていた。

「自分ができることは、ポートフォリオを作ってそれを出版社にどんどん見せに行くことだけだと思い、毎日いろいろなところを訪ねました。メインは音楽関係、あとはサブカルチャー的な雑誌。回った出版社は数えきれないですね。日本に一時帰国した時は日本の雑誌社も回りましたし、当時（ふたつめの学校に移るとき）ロンドンにあと2年はいる予定で、だいたい年に1回は2週間ほど帰国していたので、『出張的な仕事があれば…』と言って、冬休みを利用して日本でも就職活動をしました。

ただ、出版社つきのカメラマンは本当にビッグネームしかいないですね。フリーランスで登録という制度がないので、私の場合は仕事があったら電話をくれるという感じです。日本の出版社とは結構定期的に雑誌の仕事とかもありましたが、生活のための収入としては全然足りてなかったです。フォトグラファー・アシスタント兼学生だった時は親からの援助もあり、とりあえず家賃は出してもらっていたんですけれども、その他の生活費は最後の2年にギリギリ自己負担できるようになったという感じです」

ロンドンで仕事をして暮らしたかったけれど…

ロンドンは生活費も結構かかり、日本より物価が高いという。住み心地はどうだったのか。

「私には住みやすかったから5年も6年もいたんだと思うんですよ。ただ私は実際に社会人経験がロンドンに行くまでなかったので、比べるものがないと言うか…。写真の仕事だと日本でも同じだと思うんですけれども、自分で切り開いていかなければいけないというのはわかっていたので、そこは別に物怖じせず、『自分の行動力しかないな』と思っていました。もし撮影一本で生活が成り立つものならば、英国にはずっといたかったです。（フリーランスで働く人のための）アーティストビザっていうのがあるのですが、私のレベルでは生活できない。ビザがおりないってこともあります。

ふたつめの学校の2年の終わり頃、『はたしてこういうスタイルでずっとやっていて楽しいか』と疑問に思い、社会人経験がないのも不安になってきました。それに英国でできたことが日本でできないはずがないと思ったので、いつでも戻ってこられると考えるようになりました。とりあえず資金援助も終わったので、日本で自立して、また戻って来たいようだったら、その時点で自分で戻ってくればいいと。学校が終わる頃には、落ち着いて帰国について考えていました」

帰国後

英語を使う仕事を探して

「留学して自分のためになったことは、自分の考えを貫くことというか、今自分が何がしたくて、何を求めて、それを達成するにはどうすればいいのかって、順序よく考えるようになったことかなと思います。英語は、日本に帰ってくると意識して使おうとしないと使わないですからね。今の仕事（ファッション関連のバイヤー・アシスタント）では使ってはいるんですが毎日ではないので。たとえばメールの返信だったりとか、あとは電話の受け応えとかその程度で、四六時中英語でペラペラっていう感じではありません。

今の仕事の契約社員になった時には、英語が使えればいいというのと、日本の企業に就職したことがなかったので、そういうところでもできる人材にならないといけないと思って職場を探しました。初めは写真と仕事と半々ぐらいでやろうと思って、アルバイトから始めたんですけれども。

今も並行して、NY出身のフォトグラファーのアシスタントをやっているんです。日本でもショーとかを何回かやっているアメリカ人でトレイシー・ファンチェス（TRACY FUNCHES）という人です。ヒップホップ系の派手な金銀のアクセサリーで身を固めた黒人ファッションの人たちがいるんですけど、そのドキュメンタリーをずっと撮っていて、本も出版しています。彼が日本のダークサイドのサブカルチャーなどに興味があって、だいたい年に1度日本に来るので、その時は仕事をお休みしてアシスタントをしています」

仕事のスタンスに変化が

「また英国に行く時も、ポートフォリオ用に自分で写真を撮ってきます。入れられればばって感じで写真関係の仕事をして帰ってくることもあります。ただ最近自分の方向性が変わってきて、毎日カメラを構えるっていうことに前ほど執着しなくなったんです。好きな時に好きな写真が撮れれば、みたいな感じになってきました」

彼女が続けている写真。どういったものを撮っているのだろう。

「ポートレイトが主なんですけれども、一番得意なのはドキュメンタリー・タッチのあまり演出をしない自然な感じの写真が好きなんですね。ロンドンにいたときからずっとやっているプロジェクトで、日本人の女の子と英国人の男の子のカップルのポートレイトがあります。それは仕事とかじゃなく、自分のワ

仲の良いカップルの写真であり、生活感も伝わってくる倫子さんの作品

ークとしてやっているものなんです。日本でも一応そういうシチュエーションでモデルを探しているんですけれども、日本って生活基準がある程度一定しているので、やっぱり生活感や生き方のリアルさが出ないというか。

作品のひとつは、女の子は学生さんで男の子の方がワーキングクラスのバツイチなんですよ。バーテンダーか何かをやっていて、何よりサッカーが好きみたいな感じで、入れ墨とかすごくて。撮影場所も彼の住んでいる家なんですけれども、低所得者用の公営住宅であまりガラのいいところではないカウンシルフラット。そんなリアルさをすごく出したくて」

リアルでどこか荒々しい英国の生活の一部を肌で感じるような写真。英国だからこそ撮りたい、撮りやすい写真というのがあるようだ。

「反面本人にとったら、すごくラブラブないい写真にもなりうる。リアルさを私が求めていることは、モデルの人たちは気づいていないと思うんですけれども。でも、やっぱりそれは英国の特徴であったのかな？ と。ロンドンは、”英語“というツールを使ういろんな国の人が集まっているので、背景的に人物設定の時点でもおもしろいんですが、日本で撮るんだったら、それなりにアイディアを変えないと。インターナショナルカップルは最近多いので、そういうのも撮れたらなと思います」

ライフワークとして写真を撮るというのも考えにあるようだが、写真についてのアプローチの方法を決定付けているわけではない。

「やりたいことが同時期にいろいろ出てきていて、アシスタント的なことだったり、プレス的な写真をどんどん進めていく仕事にも興味が出はじめています。

あとはコーディネイト的な『こういう写真が欲しいんだけど、どういうフォトグラファーを雇って、どういうシチュエーションで』というのを手配する仕事にもちょっと今興味があって…。まだ具体的ではありませんが、そういう仕事に移れればいいなとは思いますね」

英国関連機関

●ビザ・英国全般について調べるなら…●

駐日英国大使館

日本における英国政府の代表機関。HPでは、政治、貿易、投資、ビザ、科学技術、環境・エネルギー、および英国の一般情報を提供。

http://www.uknow.or.jp/be/

〒102-8381 東京都千代田区一番町1

Tel. 03-5211-1100(代表)　Fax. 03-5275-3164(代表)

●観光情報を調べるなら…●

英国政府観光庁

英国政府機関。HPには、旅の基本情報、エリア情報、宿泊や観光アトラクション情報、観光パンフレットの紹介など役立つ旅行情報が満載。電話またはメールで申し込むと観光関連資料の郵送もしてくれる（送料実費）。

http://www.visitbritain.com/jp

Tel. 03-5562-2550（13：30〜17：00　土・日・祝日をのぞく）

●英国の文化、留学について調べるなら…●

ブリティッシュ・カウンシル

英国の公的な国際文化交流機関。HPで文化・留学情報提供の他、東京と大阪のセンターでも、最新の英国雑誌や新聞、英語コース、英国留学情報、イベントなどを提供。

http://www.britishcouncil.or.jp

東京センター　〒162-0825　東京都新宿区神楽坂1-2
　Tel. 03-3235-8031　Fax. 03-3235-8040

大阪センター　〒530-0003　大阪市北区堂島1-6-20 堂島アバンザ4F
　Tel. 06-6342-5301　Fax. 06-6342-5311

英国関連サイト

●公的機関●

UK NOW

http://www.uknow.or.jp/
在日英国大使館、英国政府観光庁、ブリティッシュ・カウンシル、在日英国商業会議所の共同による英国関連情報。

外務省　英国関連ページ

http://www.mofa.go.jp/mofaj/area/uk/index.html
基礎データ、英国情勢、日英関係など。

●英国発日本人向け情報オススメHP●

ジャーニー

http://www.japan-journals.co.uk/

英国ニュースダイジェスト

http://www.news-digest.co.uk/news/index.php

UK Adapta.

http://www.ukadapta.com/

参考図書

『地球の暮らし方①イギリス　2006～2007年版』（(株) ダイヤモンド・ビッグ社）

石井理恵子

＊

フリーランスのライター／エディター。
映画、音楽、ペット、英国関係のジャンルで執筆。
主な著書に『英国フード記 AtoZ』
『庭園式紅茶の楽しみ方』（共に三修社）、
『スコットランドふらふら紀行』
『英国ネコまみれ紀行』（共に新紀元社）などがある。

執筆協力
＊
Takasumi Miyamoto

SPECIAL THANKS
＊
Takao Kiyoi, Takako Tomoda, Ayako Hirakata,
Mayumi Hori, BBC World Distribution Japan

在英ワーキングウーマン事情
～わたしたちの英国暮らし～

2006年6月23日　初版第1刷発行

編　著	石井理恵子	
銅版画・カット	松本里美	http://www.satomin.jp
編　集	高井亜砂子	
発行者	川上　徹	
発行所	同時代社 〒101-0065　東京都千代田区西神田2-7-6 TEL. 03-3261-3149　FAX. 03-3261-3237	
印刷所	中央精版印刷（株）	

ISBN4-88683-578-3